CACTUS
HANDBOOK

カクタスハンドブック
原種サボテンを楽しむ

山本規詔

Contents

Pictorial Book

北米産玉型サボテン	004	Ball cactus / North America
南米産玉型サボテン	040	Ball cactus / South America
柱サボテン	076	Pillar cactus
ウチワサボテン	084	Prickly pear cactus
木の葉サボテン	091	Leaf cactus

How to

基本的な栽培法	092	How To
植え替え	094	Transplant
タネまき	095	Sowing
接ぎ木	096	Grafting
病害虫・生理障害	098	Pests / Physiological Disorders

Column

サボテンの棘	102	Cactus Spines
サボテンの園芸品種	105	Cacti Gardening Variety
サボテンの呼び名について	108	Name of Cactus
サボテンの偉人たち	112	Cactus Legends
ブックガイド	116	Book Guide

Habitat

メキシコ中央高地	118	Mexico / Central Highlands
メキシコ・バハカリフォルニア	120	Mexico / Baba California
ペルー	122	Peru
チリ	124	Chili
索引	126	Index

図鑑のみかた

学名和文 ── アンシストロカクタス・ブレビハマツス
学名英文 ── *Ancistrocactus brevihamatus*
解説 ── 寒暖差の激しいアメリカの内陸部に自生する軟質のサボテン。黒や茶色の濃淡の入りまじった渋い色合いの刺に覆われ、玄武玉の園芸名を持つ。
産地 ── US : Texas, (Del Rio)
採集ナンバー ── SB 317
栽培難易度 ── ★★★★

栽培難易度
- ★ 容易
- ★★ 比較的容易
- ★★★ やや難しい
- ★★★★ 難しい

原種サボテン図鑑

図鑑では、「北米／南米の玉サボテン」、「柱サボテン」、「ウチワサボテン」、「木の葉サボテン」の5つのカテゴリーで紹介。基本的な解説はもちろん、栽培難易度、産地＆採集ナンバーもつけた。

Ball cactus / North America
北米産玉型サボテン

**アンシストロカクタス・
ブレビハマツス**
Ancistrocactus brevihamatus

寒暖差の激しいアメリカの内陸部に自生する軟質のサボテン。黒や茶色の濃淡の入り交じった渋い色合いの刺に覆われ、玄武玉の園芸名を持つ。

USA : Texas, (Del Rio)
SB 317
★★★★

**アンシストロカクタス・
トブスキィ**
Ancistrocactus tobuschii

日本名はないが明るいカギ刺(とげ)が魅力のサボテン。休眠期は体積が半分ほどに減り、刺で肌が見えなくなる。本属は日本の夏が苦手で栽培には気を使う。

USA : Texas (Utopia)
GL 700
★★★★

Ball cactus / North America

アリオカルプス・アガボイデス
Ariocarpus agavoides
刺のない軟らかい疣先に毛束をつける不思議な姿のサボテン。自生地では体のほとんどを地中に隠している。アガベ牡丹と呼ばれる。

México : Tamaulipas (Tula)
VM 219 ★★★

アリオカルプス・ブラボアヌス
Ariocarpus bravoanus
比較的新しく見つかった小型のサボテンで、1992年に学術記載された。アガベ牡丹と亀甲牡丹との中間的な種類と考えられる。

México : San Luis Potosí (El Núñez)
VM 288 ★★★

アリオカルプス・フィスラツス
Ariocarpus fissuratus
亀甲牡丹と呼ばれる。メキシコ産の本属のうち唯一アメリカにまで分布する。疣の表面にV字型の溝があるのが特徴だが次ページのロイディとの中間タイプも見られる。

USA : Texas (Dagger Flat, Big Bend) ★★

Ball cactus / North America

アリオカルプス・ヒントニィ
Ariocarpus fissuratus ssp. *hintonii*

亀甲牡丹とブラボアヌスとの中間的な種類で1997年に学術記載された。薄い疣に亀甲牡丹に似たV字型の溝を持つ。ブラボアヌスの亜種とする考え方もある。

México : San Luis Potosí (Palmas)
CH 345 ★★

アリオカルプス・ロイディ
Ariocarpus fissuratus ssp. *lloydii*

メキシコの中央高地北部に広く分布し、疣の大小、窪みの有無や凹凸の深浅など、さまざまなタイプがある。窪みの浅いものを連山と呼び、かつては大疣のものほど珍重された。

México : Zacatecas (San Felipe)
VCA 73 ★★

アリオカルプス・'マクドウェリィ'
Ariocarpus kotschoubeyanus 'macdowellii'

小さな三角形の疣を整然と敷き詰めたような姿が特徴。とくに小型の本タイプは姫牡丹と呼ばれる。自生地では半ば土中に隠れているため開花期以外は見つからないという。

México : Coahuila (El Pilar, 1150m)
CH 532 ★★★

Ball cactus / North America

アリオカルプス・
レツーサ
Ariocarpus retusus

レツーサはメキシコの中央高地に沿って南北約400キロにわたって分布し、疣の大きさや形は変化に富む。基本的にはレツーサ1種だが個体差が大きいため、園芸的には様々な呼び名を持つ。

México : Nuevo León (Sierra Potosi)　GL 1　★★

アリオカルプス・
レツーサ'フルフラセウス'
Ariocarpus retusus 'Furfuraceus'

このように凹凸のある疣の基部が丸く膨らみ、疣先が尖って毛束があるタイプを花牡丹と呼んだ。

México : Zacatecas (5 km North of Sabana Grande alt. 1868 m)　BKM 914　★★

アリオカルプス・
トリゴヌス
Ariocarpus trigonus

抹茶色の肌と内曲する尖った疣が特徴で、日本名は三角牡丹。現在はレツーサの亜種として扱われることもある。とくに長い疣を持つタイプをエロンガツスとしている。

México : Tamaulipas (Puente Chahue to San Antonio, before Jaumave)
CSD 45　★★

アストロフィツム・
アステリアス
Astrophytum asterias

扁平な刺のないサボテンで、白点の密な突然変異個体や他種との交配種をもとに改良が進められ、野生の姿を残したものは少ない。日本名の兜 ('Kabuto') は世界中で通用する。

México : Tamaulipas (Est. Calles)　★★

アストロフィツム・カプリコルネ
Astrophytum capricorne

弾力のある曲りくねった刺と白点を持つ。刺の太さや数、白点のつき方に個体差があり、平均的なものは瑞鳳玉と呼ばれる。刺が細くて多く密生するタイプは鳳凰玉、さらに白点のないものは群鳳玉などといい、さらに刺が黄白色をしたタイプも区別される。初夏から秋にかけて大輪の黄色底紅の大輪花を咲かせる。

México : Coahuila (Higueras)
SB 331　★★

アストロフィツム・
ニベウム'ヌーダム'
Astrophytum capricorne
ssp. *niveum* 'Nudum'

肌の白点がなく、幅広の強刺を持つ特殊なタイプで、自生地は限られる。わが国では大鳳玉と呼ばれる。

México : Coahuila (Cuatro Cienegas)
MZ 511　★★

アストロフィツム・
カプリコルネ・ニベウム
Astrophytum capricorne
ssp. *niveum*

密な白点と扁平な強刺を持つサボテンで、栽培例が少なく園芸種の白瑞鳳玉と混同されやすい。大鳳玉と同じ狭い地域に自生し、両者は混生しているという。

México : Coahuila (W. Cuatro Cienegas)　SB 1948　★★

Ball cactus / North America

アストロフィツム・カプトメデュサエ
Astrophytum caput-medusae

塊状の本体から細い棒状の疣を出す特異な姿のサボテンで、発見当時は類縁関係をめぐって議論を呼んだ。2002年にはDigitostigma caput-medusae（ディギトスティグマ・カプトメデュサエ）の名で新種記載されたが、翌年にアストロフィツム属に編入された。種子の形状や表皮の白点、花の構造などが根拠とされる。

México : Nuevo León (Los Herreras)
★★★

アストロフィツム・ミリオスティグマ 'チューレンセ'
Astrophytum myriostigma 'Tulense'

本種の日本名は鸞鳳玉といい、地域変異や園芸種が多数ある。トゥーラ産のこの個体は'チューレンセ'と呼ばれる。

México : Tamaulipas (Tura)
★

アストロフィツム・オルナツム
Astrophytum ornatum

本属では唯一針状の刺を持ち、成熟するにつれ白点が減って緑肌になりやすい。古株は高さ1mを超すものもある。般若と呼ばれる。

México : Querétaro (Vizarron)
SB 1058
★

10 — Cactus

Ball cactus / North America

エキノカクタス・グルソニィ
Echinocactus grusonii

黄金色に輝く刺で覆われた美しいサボテンの代表種で、日本では金鯱の名で親しまれる。20世紀末まで自生地はケレタロ州の1カ所しか知られておらず、世界中で栽培されるすべての金鯱のルーツだった。そこから500キロほど離れたサカテカス州で新たな自生地が発見され一大ニュースとなったのはつい最近の出来事である。

México : Zacatecas (San Juan Capistrano)
ZR1 300
★

エキノカクタス・ホリゾンタロニウス
Echinocactus horizonthalonius

本属の中では最も分布域が広く、アリゾナからメキシコ中部の各州に自生する。太平丸の名があるが、タイプ違いについた別名がいくつもある。

México : Durango
MMR 71 ★★

エキノカクタス・ホリゾンタロニウス・スビキィ
Echinocactus horizonthalonius 'Subiki'

太い刺が突き出すタイプを'尖紅丸'または'小判丸'と呼ぶことがあるが、学名と対応しているわけではなく便宜上のものである。

México : Nuevo León (El Zorro)
V4 324 ★★

Ball cactus / North America

エキノカクタス・
ホリゾンタロニウス 'ノヴァ'
Echinocactus horizonthalonius 'Nova'

'新タイプ'としてきた種子からの
株。本種としては刺が貧弱だが、灰
緑色の肌と丸々としたフォルムがか
えって新鮮で魅力的。

México : San Luis Potosí (La Morita)
VZD 546　★★

エキノカクタス・パリィ
Echinocactus parryi

神竜玉の名を持つ。自生地が限ら
れ栽培困難種と考えられていた。
実際はそれほどではないが生長は
遅い。底紅の黄色大輪花が咲く。

México : Chihuahua (South of Ciudad
Juárez 1100m)　　L 1372　★★

エキノカクタス・プラティアカンサス
'ロンギスピヌス'
Echinocactus platyacanthus 'Longispinus'

広域分布種のひとつで特徴あるタ
イプに別々の学名がつけられてい
た。しかし栽培下ではほとんど差異
がなく、自生地の土質や気候による
影響が大きいと考えられる。

México : Nuevo León (El Tokio)　★★

エキノカクタス・ポリケファルス
Echinocactus polycephalus

ラスベガス近郊からネバダ州、ユタ州、メキシコ北部のソノラ州まで広く分布する。自生地は岩が多く昼間は灼熱地獄、夜間は急激に冷え込むという。頑丈な太い刺に覆われた荒々しい姿で大竜冠の名がある。栽培は難しく、種子は黒色でゴマ粒よりも大きなものだが発芽率が悪く苗の生育も極めて遅い。

México : Sonora (Desierto del Pinacate)
★★★★

Ball cactus / North America

エキノカクタス・キセランテモイデス
Echinocactus polyphalus ssp. *xeranthemoides*

大竜冠がより東に分布を広げ小型化した亜種で、竜女冠の名がある。自生地は渓谷の台地上でつねに風が吹いているという。

USA : Arizona (S. Marble Canyon, Coconino Country)
★★★

エキノマスタス・'ラウィ'
Echinomastus unguispinus 'Laui'

太い4本の中刺と放射状の側刺のバランスが良く、この仲間としては丈夫で栽培しやすい。花はベージュ色を帯びた白～ピンク。

México : San Luis Potosí
(Salinas 1800-2000m)
L 1123
★★

エキノマスタス・ジョンソニィ・ルテスケンス
Echinomastus johnsonii var. *lutescens*

英冠の名で呼ばれ肌が見えないほど密生した刺で覆われる。基本種は紫紅色の大輪花を咲かせるがこの株は黄花の変種。赤刺系と黄刺系のタイプがあるが、花色とリンクしているわけではない。いかめしい外見とは裏腹に軟質のサボテンで根が過湿にきわめて弱く、その腐りが球体に及んで失敗することが多い。

USA : Nevada (Clark County)
FH 1007
★★★★

Ball cactus / North America

フェロカクタス・クリサカンツス
Ferocactus chrysacanthus

カリフォルニア湾に浮かぶセドロス島の固有種で、金色に密生する刺の美しさは金鯱に匹敵する。一時は'幻のサボテン'と呼ばれるほどの貴重種だったが、実生繁殖が繰り返されて入手しやすくなった。自生地には赤刺、黄刺、中間色刺の各タイプがあるものの'金色の刺'を意味する学名にちなんで金冠竜と呼ばれている。

México : Baja California
(Punta Norte , Isla Cedros 1-200m)
L 10　★★

フェロカクタス・グラキリス・コロラツス

Ferocactus gracilis ssp. *coloratus*
日本名は神仙玉。基本種の刈穂玉とともに赤刺フェロカクタスの代表的存在。強大な刺には十分な根張りと昼夜の温度差＋強光線が必要。

México : Baja California
(Venustiano Carranza)
KMR 352　★★★

フェロカクタス・ハマタカンサス
Ferocactus(=Hamatocactus) hamatacanthus

旧ハマトカクタス属。しばしばハエマタカンサス（F. haematacanthus）と混同される。通常は褐色刺だがこれは黄刺のタイプ。

México : Coahuila (Hércules)
VZD 933　★

Ball cactus / North America

フェロカクタス・ジョンストニアヌス
Ferocactus johnstonianus

野生の個体数がきわめて少なく、絶滅が心配される。生育が遅く国内での採種実績もほとんどない。日本名は白帝城。

México : Baja California (Isla Ángel de la Guarda, Gulf of California)　ZRI 500　★★★

フェロカクタス・ハマタカンサス
Ferocactus(＝Hamatocactus) hamatacanthus

20cmに達する鮮やかな赤刺が美しいタイプ。カギ刺の扱いには注意が必要。夏の終わりごろ香りのよい大輪花を咲かせる。

USA : Texas (Tuns Springs, Pecos County)　GL 150　★

フェロカクタス・ラティスピヌス
Ferocactus latispinus

メキシコ本土に自生し幅1cmを超える立派な刺が魅力。現地では低木や草に混じって生え、赤刺、黄刺が混在するコロニーもあるという。広域分布種だが本来の姿に育てるのはなかなか難しい。刺の発達には豊富な光線を必要とするが、高温を嫌うという矛盾した性質がある。高湿度下では病害にも脆い。日本名は日の出丸、赤竜丸など。

México :　Hidalgo (Zimapán)
LH 296　★★★

Ball cactus / North America

フェロカクタス・リンゼイ
Ferocactus lindsayi

自生地は1ヵ所で、ほとんど人も訪れない僻地にある。地名のインフェルニーロは「灼熱地獄」を意味する。種子はごく小粒。

México : Michoacán (Infiernillo)
SB 535
★★

グランデュリカクタス・マッソニィ
Glandulicactus mathssonii

頑丈なカギ刺と肌色の対比が魅力。大きくなるにつれて気難しくなり、強い光線と十分な風通しを好む。金茶色の渋い花を咲かせる。

México : Guanajuato (San Luis de la Paz) SB 1449
★★★

レウヒテンベルギア・プリンキプス
Leuchtenbergia principis

青白い疣が長く発達し、サボテンというより多肉植物の一種を思わせる。珍奇な外見にもかかわらずフェロカクタス属と遺伝的には近縁で、交配種はフェロベルギア (Ferobergia) と呼ばれる。生育はゆっくりだが丈夫で栽培は難しくない。夏に香りのよい黄色の大輪花を咲かせる。種小名はプリズムに由来し、日本名も光を意識してか光山(晃山_{こうざん})という。

México : Coahuila (Irapuato)
CHA 37
★★

Ball cactus / North America

ロフォフォラ・フリキィ
Lophophora fricii
日本名の銀冠玉はもともと白肌のウィリアムシィの輸入株につけられたものだった。一般には濃桃色花とされるが例外もある。
México : Coahuila (Sierra Zavaleta, Viesca)
VM 667 ★★

ロフォフォラ・ウィリアムシィ
Lophophora williamsii
烏羽玉と呼ばれる。アメリカ南部からメキシコ中部に広く分布し、麻薬成分のメスカリンを含むことで有名。栽培株には薬効はない。
USA : Texas (Starr County)
SB 854 ★

ステノカクタス・アルバタス
Stenocactus albatus
一見普通のサボテンだがよく見ると稜（ひだ状の突起）が異常に多い。この仲間が「多稜属」とも呼ばれる由縁である。日本名は雪渓丸。
México : San Luis Potosí (Sierra de San Miguel 1700m)
L 1180 ★★

ステノカクタス・コプトノゴヌス
Stenocactus coptonogonus
稜は13で本属としては例外的に少ない。頑丈な刺を上向きにつけ、早春にベージュ色を帯びた白〜淡桃花を咲かせる。竜剣丸の名がある。
México : San Luis Potosí (Salinas) SB 13 ★★

Ball cactus / North America

ステノカクタス・フィラカンツス
Stenocactus phyllacanthus

本属はエキノフォスロカクタス属（Echinofossulocactus）という名でも親しまれ、今でも「フォスロ」の愛称で呼ぶマニアは少なくない。自生地にはタイプ違いが無数にあって、おびただしい学名と日本名がつけられてマニアを悩ませた一群でもある。現在は少数の種にまとめられているが、園芸的には特徴のあるタイプ違いを楽しみたい。

México : San Luis Potosí (West of San Luis Potosí)
SB 2　★★

ステノカクタス・ラメロサス
Stenocactus lamellosus

明るい色の針状刺とくっきりとした稜が特徴。本種の花は濃い紫紅色の美しいもので、春先に数輪ずつまとまって咲く。竜舌玉の名がある。

México : Hidalgo (Metztitlán)
CH 260　★★

テロカクタス・ビコロル・ボラエンシス
Thelocactus bicolor ssp. *bolaensis*

基本種のビコロルは分布が広く、タイプ違いを並べると面白い種類のひとつである。栽培しやすく生育も早い。これは白針丸と呼ばれるタイプ。

México : Coahuila (Cerro Bola)
CH 551　★★

Ball cactus / North America

テロカクタス・ビコロル・コモドス
Thelocactus bicolor f. *commodus*
モンテモレロスから来た特異なタイプで、暗赤色の縁刺は肌色と同化して中刺だけが目立つ。花も変わっていて、蛇の目模様の大輪花を咲かせる。
México : Tamaulipas (Montemorelos)
MZ 869 ★★

テロカクタス・ビコロル・ポットシィ
Thelocactus bicolor var. *pottsii*
日本名の紅鷹はペテロカクタムス（T. heterochromus：多色玉）の代表名になっているが、本来こちらの学名の植物にあてられたもの。
México : Chihuahua (Jiménez)
SB 77 ★★

テロカクタス・ビコロル・スコッティ
Thelocactus bicolor var. *schottii*
ビコロルの中では北方に分布し、テキサスからメキシコ国境にかけて分布する。刺色には幅があるが、概して長刺のタイプが多い。
USA : New Mexico (Brewster Country)
JJH 990468 ★★

テロカクタス・コノテロス
Thelocactus conothelos
日本名は天照丸。分布が広く、刺色、刺密度、花色の異なるいくつかの亜種がある。写真は標準的なタイプ。
México : Tamaulipas (rocks near Route 101, 100km, alt.990m)
KSM 642
★★

Ball cactus / North America

テロカクタス・ハスティフェル
Thelocactus hastifer

あまり知られていない種で、ケレタロ州の一部の地域に自生する。細い柱状に育ち、早春に桃花を咲かせる。赤嶺丸(せきれいまる)の名がある。

México : Querétaro (Vista Hermosa, /alt. 1900-2000m) ★★

テロカクタス・ヘキサドロフロス
Thelocactus hexaedrophorus

広域分布種で様々なタイプ違いがある。これはメサガーデンの前園主、S.ブラック氏の採種した系統で、濃い肌色と体に巻きつく刺が特徴。

México : Nuevo León (La Perdita, Doctor Arroyo)
SB 291
★★

テロカクタス・マクドウェリィ
Thelocactus macdowellii

密生する白いガラス質の刺の中から、濃いピンクの花を早春に咲かせる。かつてはエキノマスタス属とされたこともあった。日本名は太白丸(たいはくまる)。

México : Coahuila (Arteaga)　CSD 192　★★

テロカクタス・パナロットアヌス
Thelocactus panarottoanus

ピンク〜白系の花が多い本属には珍しく黄花を咲かせる。刺座の形態などから天照丸の亜種：Thelo. conothelos subsp. flavusとする意見もある。

México : San Luis Potosí (East El Huizache)
★★

Cactus

Ball cactus / North America

テロカクタス・リンコネンシス・ニデュランス
Thelocactus rinconensis ssp. *nidulans*

頑丈な黒い刺が特徴で、自生地の古株は繊維がほぐれて鳥の巣のようになる。亜種名も「巣」を意味し、日本名も鶴巣丸。

México : Coahuila (8 km South-West of La Paloma 1265m) KSM 737 ★★

テロカクタス・リンコネンシス・フレウデンベルゲリ
Thelocactus rinconensis ssp. *freudenbergeri*

1992年に記載された亜種で濃いローズ色の花が特徴。刺は細いが長く、黄褐色から黒までの個体差がある。

México : Nuevo León (Grutas de Garcia, 900m) ★★

テロカクタス・リンコネンシス・ムルチケファルス
Thelocactus rinconensis ssp. *multicephalus*

リンコネンシスは広域分布種のため様々な亜種がある。これは早くから子株を出して群生株になるタイプで、亜種名も「多頭」を意味する。

México : Nuevo León (Sandia el Grande) ROG 446 ★★

テロカクタス・リンコネンシス・フィマトテロス
Thelocactus rinconensis ssp. *phymatothelos*

ベラクルス産の亜種で、刺の短いタイプが多くかつては独立種とされた。とくに短いものを眠り獅子と呼ぶ。

México : Veracruz (Canyon Carbonera) SB 328 ★★

Ball cactus / North America

コリファンタ・デュランゲンシス
Coryphantha durangensis

灰緑色の硬い疣を持つ小型のサボテン。円筒状に育ち古くなると群生する。生育は遅い。銀童の名がある。

México : Durango (Lerdo)
SB 453 ★★★

コリファンタ・ヒントニオルム
Coryphantha hintoniorum

1999年に記載された種で、古くなると株立ちになる。自生地は標高1300〜2300ｍの高原地帯にある。

México : Nuevo León ★★

コリファンタ・ルンヨニィ
Coryphantha runyonii

細長い疣は軟らかく、隙間からピンク〜ベージュ色の花を咲かせる。地下に太くみずみずしい根があって養分を蓄えている。自生地では中心の古株から順に枯れていき、大きなドーナツ状の群生株になるという。日本名は勇天丸。

USA : Texas (Jim Hogg County)　SB 855　★★

Ball cactus / North America

コリファンタ・オドラータ
Coryphantha(=Cumarinia) odorata

かつて一属一種のクマリニア属として扱われた。外見上は特徴のない小さなカギ刺サボテンだが、旧属名のとおり桜餅に似たクマリン香がある。ただし生きた植物に香りはなく、組織をつぶして空気に触れさせると発生する。おそらく分類学者がさく葉標本の匂いを感じて命名したのだろう。種小名のオドラータは「香りのある」という意味で、日本名も薫大将。

México : San Luis Potosí (Charco Blanco)
BZ 11 ★★

コリファンタ・ポセルゲリアナ・バリダ
Coryphantha poselgeriana var. *valida*

自生地はメキシコのコアウィラ州を中心にデュランゴ州、サカテカス州など広範囲にわたる。刺や体色に個体差があり、花もベージュ色を帯びた白からピンクまで。エキノカクタスの太平丸に匹敵する豪刺タイプもあり、違いを比べるのも面白い。栽培にクセがあるためか国内ではほとんど見かけない。竜角丸の名があるが、基本種の大祥冠の呼び名のほうが一般的。

México : Chihuahua
(20km East of Escalón)
VM 561 ★★★

コリファンタ・サルムディッキアナ
Coryphantha salm-dyckiana

普通単幹だが古くなると地際から子株を出す。種小名は新大陸の植物を研究したサルムディック公爵にちなむ。

México : Chihuahua (Jiménez)
B 110 ★★

Ball cactus / North America

コリファンタ・トリプギオナカンタ
Coryphantha tripugionacantha

アルフレッド・ラウー氏の発見命名したサボテンで、種小名は「3本の中刺」の意味。白い縁刺に飾られる黒くて太い中刺の特徴をよく表している。

México : Zacatecas (San Juan Capistrano 1000m)
L 1464 ★★

エスコバリア・アルバーソニィ
Escobaria alversonii

ガラス質の白く輝く刺が魅力のサボテン。緑がかった黄花を咲かせる。写真の株は水を吸い過ぎ、やや間延びしている。

USA : California (Big Maria Mts.)
★★★

エスコバリア・ミニマ
Escobaria minima (=*E. nelliae* 'Minima')

成株でも指先ほどしかない極小型種。栽培下ではよく群生し花つきもよい。花色は紫紅色。しばしばネリアエの小型タイプとされることもあるが、分布域が1ヵ所で他と離れており独立種とする意見が強い。自生地では白い石英に紛れ、開花期以外見つけるのは困難だという。

USA : Texas (Marathon)
★★

Ball cactus / North America

マミロプシス・セニリス
Mamillopsis senilis

純白の弾力のある刺の中から目の覚めるような深紅の大輪花を咲かせる。ただし不用意に触るとカギ刺でひどい目にあう。日本名は月宮殿(げっきゅうでん)。自生地は標高が高く乾燥した松林。冬は寒くて霜が降り、夏はさほど暑くならないという。

México : Durango (Topia)　WK 490　★★★

エスコバリア・ビビパラ・ビスビーアナ
Escobaria vivipara ssp. *bisbeeana*

肌を覆う硬質の刺は日射しを反射するのに役立つ。自生地は乾燥した石礫地で、栽培には過湿に注意が必要。

USA : Arizona (Pantano, Pima Country)
★★★

マミラリア・アルビコマ
Mammillaria albicoma

ふわふわの綿毛にはカギ刺が隠されている。早くから群生するが大株にはなりにくい。日本名は淡雪丸。

México : Nuevo Leon (Doctor Arroyo)
SB 271　★★

Ball cactus / North America

マミラリア・アルビラナタ
Mammillaria albilanata

密生した綿毛の中から、紫紅色の小花を鉢巻状に咲かせる。学名に対応する日本名は希望丸だが、一般に流通するのは大型の個体が多い。

México : Oaxaca (Mitla)
SB 578 ★★

マミラリア・アポゾレンシス・サルテンシス
Mammillaria apozolensis var. *saltensis*

色鮮やかな長刺が目を引き、成熟すると疣の間に白毛が出てくる。日本名はないがペターソニィ（M.pettersonii：女神丸）の変種とする意見もある。

México : Zacatecas (El Salto, Monte Escobedo 1300-2200m)
L 1045 ★★

マミラリア・ベルソルディ
Mammillaria bertholdii

先端を斜めにカットしたような疣に櫛歯状の刺をつける新種で、自生地では岩の隙間に頭だけをのぞかせている。写真は接ぎ木苗。

México : Oaxaca (Miahuatlán)
★★★

マミラリア・ボカサナ・ムルチラナタ
Mammillaria bocasana 'multilanata'

軟らかい刺とカギ刺が交じる美しいサボテン。基本種のボカサナには高砂の日本名があって、多くの変種や園芸品種がある。

México : San Luis Potosí
★★

Cactus 27

Ball cactus / North America

マミラリア・ボンビキナ
Mammillaria bombycina

桃色花を鉢巻状に咲かせる。カギ刺の扱いには注意が必要。豊明丸の名がある。

México : Aguascalientes (El Sauz)
ROG 383 ★★

マミラリア・ゲルゾイアナ
Mammillaria guelzowiana

花は桃色大輪で美しく、麗光殿の名がある。カギ刺の色には黄白〜褐色のバラエティがある。以前はクラインジア属(Krainzia)とされた。

México : Durango (Abasolo)
SB 465 ★★★

マミラリア・フンボルディ
Mammillaria humboldtii

中刺がほとんどなく純白の刺の隙間から桃紅色の花を咲かせる。外に向かって縁刺が伸びるタイプ、球体に貼りついて目立たないタイプなどの個体差がある。日本名は春星。ほかに一頭は小さくとも生長が早く大群生株となる品種を姫春星といい、株分け、挿し木繁殖が容易なため広く普及している。

México : Hidalgo (Lago de Metztitlán)
RH 132 ★★

Ball cactus / North America

マミラリア・ルエッティ
Mammillaria luethyi

1996年に学術記載されたが、自生地はしばらく公表されず謎のマミラリアと呼ばれた。小さな体に似合わぬ大輪花を群開させる。疣と刺の配列が独特で、ひとつの刺座に1ミリ以下の刺が80本も密生している。生態も変わっていて、果実は成熟しても外からは見えず、種子は休眠状態で体内にとどまる。このような性質をクリプトカルピック（cryptocarpic）といい、自生地では株が枯れるか動物などの食害を受けることで種子を散らすと考えられる。栽培上は実生での繁殖効率が悪いため、おもに栄養繁殖に頼っている。

México：Coahuila (Muncipio de Acuna /alt. 1270m) ★★★

Ball cactus / North America

マミラリア・メラノケントラ
Mammillaria melanocentra
青味を帯びた肌にピンク〜ベージュ色の小花をつける。紫山丸の名があるがほとんど使われていない。
México : Nuevo León (Huasteca Canyon)
SB 557 ★

マミラリア・パーキンソニー
Mammillaria parkinsonii
生長部がふたつに分かれ2→4→8と頭数を増やして群生株になる。白玉丸という日本名がある。刺の長短、色彩などのバラエティがある。
México : Queretaro (Vizarron)
SB 315 ★★

マミラリア・ペレズデラロサエ
Mammillaria perezdelarosae
密生する純白の側刺とカギ状の黒い中刺の対比が美しく、精巧な細工物のようにも見える。自生地はアグアスカリエンテス州とサカテカス州。
México ★★★

マミラリア・スファエリカ
Mammillaria(=Dolichothele) sphaerica
長い疣の隙間から黄花を咲かせる。かつてはドリコテレ属(Dolichothele)とされた。日本名は羽衣。
USA : Texas (Zapata County)
GL 40 ★★

Ball cactus / North America

マミラリア・プルモサ
Mammillaria plumosa

軟らかい白毛状の刺は触れても痛くないので万人に好まれる。日本名は
白星(しらぼし)。いろいろな園芸品種が「○○白星」の名で流通する。

México : Nuevo León (Arroyo Huizache)
SB 834
★★

マミロイデア・カンディダ
Mammilloidia candida

一属一種で大柄でボリュームのある群生株に育つ。刺色や刺の密度が微妙
に異なるいくつかのタイプがあり、それぞれ雪白丸(せっぱくまる)、満月、望月、桜月丸(おうげつまる)などの
名がつけられているが、基準はあいまいでよくわからない。それだけマニアに人
気があった証拠でもある。マミラリア属に含める考え方もある。

México : Nuevo León (Santa Ana)
SB 440
★★

Cactus　31

Ball cactus / North America

エピテランサ・ボケイ
Epithelantha micromeris ssp. *bokei*

作り物のような白いサボテン。「小人の帽子」という名も言い得て妙である。自生地では単頭で岩の隙間に身を隠すように生えている。

USA : Texas (Brewster County)
SB 416 ★★

アズテキウム・リッテリィ
Aztekium ritteri

深い皺のある小型のサボテンで花籠の名がある。生長が極めて遅いため、写真の株は'実生接ぎ'で育成した。生長期は水分を好む。

México : Nuevo León (Rayones Canyon)　VM 619　★★

エピテランサ・ミクロメリス
Epithelantha micromeris

月世界の名があり、拡大鏡で見ると小人の帽子とは刺座の作りが異なるのがわかる。肥培すると巨大化するが短命となりやすい。

USA : New Mexico (Slaughter canyon)　JM 119
★★

ゲオヒントニア・メキシカーナ
Geohintonia mexicana

自生地は天然の石膏で固まった崖地。イワヒバの仲間とともに生えている。季節によって朝晩はかなり多湿になる環境。生育は極めて遅い。

México : Nuevo León (San José del Río, 1300 m)
★★

Ball cactus / North America

オブレゴニア・デネグリィ
Obregonia denegrii

一属一種のサボテンで帝冠の名がある。園芸的に'大疣系・小疣系'などと区別されるが、野生では同じコロニー内に混在する。

México : Tamaulipas (San Vincente)
MZ 135 ★★

オルテゴカクタス・マグドガリィ
Ortegocactus macdougallii

一属一種でミントグリーンに白粉をまぶしたような独特の肌色が特徴。王帝玉の名はほとんど使われない。花は硫黄色。

México : Oaxaca
(San José Lachiguri /alt. 1600m) ★★

ペレキフォラ・アセリフォルミス
Pelecyphora aselliformis

切断されたような疣先に櫛状刺をつける。一つひとつがミニチュアの斧やある種の昆虫のようにも見える。日本名は精巧丸。

México : San Luis Potosí (Villar /alt. 1800m) ★★

ペレキフォラ・ストロビリフォルミス
Pelecyphora strobiliformis

ヌエボレオン州およびサンルイスポトシ州の高原地帯に自生する。銀牡丹の名があり、かつてはアリオカルプス属の近縁種と考えられていた。

México : Nuevo León (Doctor Arroyo)
MZ 70 ★★

Ball cactus / North America

ストロンボカクタス・
ディスキフォルミス
Strombocactus disciformis

自生地では石膏で固まった切り立った崖に群生し、種子がホコリのように小さいことで有名なサボテン。日本名は菊水。

México : Querétaro (Casa Maquinaria) MZ 487
★★

ツルビニカルプス・
ディキソニアエ
Turbinicarpus dickisoniae

1998年に初めて学術記載され、当時はシュミディケヌス(schmiedickeanus：昇竜丸)の変種と考えられた。ブラシ状の刺は硬く弾力がある。

México : Nuevo León
(Aramberri to Lampacitos)
RS 321A
★★

ツルビニカルプス・
フラビフロルス
Turbinicarpus flaviflorus

種名は黄花であることにちなむ。昇竜丸の亜種という意見もあるが、刺や全体の姿にも相違点が多くここでは独立種として扱う。

México : San Luis Potosí
(Santa Rita del Rucio)
★★

ツルビニカルプス・
グラミニスピヌス
Turbinicarpus graminispinus

2011年に記載された新種。自生地では枯れ草に擬態しているという。学名も「イネ科植物のような刺」の意味。

México : Tamaulipas ~ Nuevo Leon
(San José del Llano)　★★

Ball cactus / North America

ツルビニカルプス・ホフェリィ
Turbinicarpus hoferi

肌色は明るい灰緑色で扁平に育つ。一見すると菊水との関連を思わせるが、刺は古くなっても脱落せず、種子も黒く大きい。

México : Nuevo León
(Araberri, Joya de Bocacelly 1200m) ★★

ツルビニカルプス・ハウエルニギィ
Turbinicarpus jauernigii

暗褐色の肌と豊かな綿毛、上向きについた短刺が特徴。本属にしては大型に育つ。

México : San Luis Potosí
(Las Tablas ~ Palomas) ★★

ツルビニカルプス・ロフォフォロイデス
Turbinicarpus lophophoroides

古くから知られ、姣麗丸(こうれいまる)の名で呼ばれている。ストロンボカクタス属との中間的な位置にある種とされていたこともあった。

México : San Luis Potosí
(Rio Verde)
MZ 501 ★★

ツルビニカルプス・プセウドペクチナツス
Turbinicarpus pseudopectinatus f. rubriflorus

櫛歯状の刺を持つことからペレキフォラ属とされたこともあったが、現在は無関係だと考えられている。精巧殿(せいこうでん)の名で呼ばれる。

México : Nuevo León
(Doctor Arroyo)
MZ 736 ★★

Ball cactus / North America

ツルビニカルプス・
ポラスキィ
Turbinicarpus polaskii

太いが軟らかい曲刺、丸く低い疣が特徴で、通常は単頭だが古くなると群生することもある。日本名は烏丸。

México : San Luis Potosí (La Bonita)
MK 94.296 ★★

ギムノカクタス・
ベグイニィ・セニリス
Gymnocactus beguinii
var. *senilis*

ガラス質の白い刺に交じって黒い中刺を上向きにつける。写真の株は長刺白琅玉で春に桃色の美花が咲く。

México : Coahuila (Arteaga)
MK 87.259 ★★

ギムノカクタス・
ホリピルス
Gymnocactus horripilus

ふっくらと丸く育ち、古くなると群生する。日本名は紅梅殿で、早春に花が咲き色も紅梅に似ていることによる。

México : Hidalgo (Metztitlán)
SB 168 ★★

エキノケレウス・
コッキネウス
Echinocereus coccineus

日本名は赤花エビだが、オレンジやピンク花もある。花つきをよくするには冬の間、十分な乾燥と寒さにあわせることが必要。

USA : New Mexico (Sacramento Mountains, Otero Co.) SB 243 ★★

Ball cactus / North America

エキノケレウス・デラティ
Echinocereus delaetii

白髪状の長い刺をつけるのが特徴で、日本名は翁錦。自生地はコアウィラ州の奥地の標高2000m付近にある。

México : Coahuila (Sierra de la Paila)
★★★

エキノケレウス・エンゲルマンニィ'アルマツス'
Echinocereus engelmannii 'Armatus'

このコロニーの株は'アルマツス'と呼ばれるタイプで、ツートンカラーの頑丈な刺に覆われる。一般的には司エビ、武勇丸という。

USA : Nevada (Esmeralda Co.)
SB 1462 ★★★

エキノケレウス・フェンドレリィ・ケンツェリ
Echinocereus fendleri var. *kuenzleri*

基本種は衛美玉の名で呼ばれるが、この変種は刺が頑丈で数が少なく、茎も太くて丈が低いなどの外見の違いが目立つ。

USA : New Mexico (Otero Country)
SB 353 ★★

Ball cactus / North America

エキノケレウス・リンゼイ
Echinocereus lindsayi
(=*E. ferreirianus*
ssp. *lindsayi*)

魅力的な豪刺を振りかざす本属きっての強刺種。底紅の桃色美花を咲かせる。自生地はバハカリフォルニアの限られた場所にあるだけで、現地では絶滅が心配される。さいわいなことに栽培株からの実生繁殖が可能となっている。
México : Baja California
(south of Cataviña)
★★★

エキノケレウス・ニコリィ
Echinocereus nicholii

黄金色に輝く強刺が魅力のエビサボテンで、自生地では強光線下で岩の隙間に生えている。武勇丸(エンゲルマンニィ)の変種とされることもある。日本名は黄刺エビ。花つきは悪く、筆者のところでもまだ咲いたことはない。
USA : Arizona
(Silver Bell Mountains, Pima County)
RP 73
★★★

Ball cactus / North America

エキノケレウス・リギデッシムス
Echinocereus rigidissimus

赤、オレンジ、黄色の刺が入り交じって独特の縞模様を描く。かつてはペクチナツス（E. pectinatus：三晃丸）の変種とされたこともあった。太陽の日本名があり、とくに刺色の濃いものは'紫太陽'として人気がある。本来メキシコで採種されたL 88のフィールドナンバーを持つ系統であるが、世界中で大量に実生され、後代から白花などの変異株も見つかっている。

USA：Arizona (Boquillas, Cochise Country)　VZD 324　★★

エキノケレウス・トリグロチディアツス
Echinocereus triglochidiatus

触角のような刺が動物的な雰囲気を持つ。花びらは肉厚で赤く、ハチドリなどを誘っていると考えられる。蛸刺エビの名がある。

USA：New Mexico (Sandoval Country)　SB 223　★★

エキノケレウス・ビリディフロルス・ダビシィ
Echinocereus viridiflorus var. *davisii*

本属の中での最小種で、指の先ほどの大きさから開花する。花にはツンとする強い芳香があって、蜂やアブの仲間を引き付ける。

USA：Texas (Marathon)　LZ 578　★★

Ball cactus / South America
南米産玉型サボテン

アウストロカクタス・ベルチニィ（左）
アウストロカクタス・グラキリス（右）
Austrocactus bertinii (left)
Austrocactus gracilis (right)

この仲間はアルゼンチン南部のパタゴニア地方に産し、属名は「南のサボテン」を意味する。種子の発芽率が低く栽培にもクセがあるため、目にする機会の少ないサボテン。自生地ではマット状に群生し、寒さにも耐性がある。

Argentina : Neuquen (Ciudad Neuquén) JN 401 ★★★★
Argentina : Neuquén (Laguna Miranda II. / alt. 1120 m)　KFF 1100　★★★★

コピアポア・キネレア'アルビスピナ'
Copiapoa cinerea 'Albispina'

いわゆる白刺黒王丸で、この個体は43ページのC.クラインジアナと同じ自生地で採種されたもの。現地では両者が混生しているという。

Chile : (Quebrada San Ramón, Taltal) JA 88　★★★

コピアポア・キネレア
Copiapoa cinerea

刺の強いタイプの黒王丸。本種はチリ北部の太平洋沿岸部に広く分布し、かつてはタイプ違いにそれぞれ学名が付けられ、それに応じて日本名も混乱していた。しかし外見上の違いは自生環境の影響も強く受けるせいか栽培下では特徴が再現できない例も多くあり、園芸面でも細分類の必要性は薄れている。

Chile : (Taltal)　PV 2025　★★★

コピアポア・テネブローサ類似種

Copiapoa cinerea ssp. aff. *tenebrosa*

この個体は黒王丸変種テネブローサの類似種(aff.)として入手した。自生地の画像を見ると、強刺と白肌が目を引く魅力的な個体が多く、将来楽しみな株のひとつ。

Chile : (South of Esmeralda)
PV 2031 ★★★

コピアポア・ギガンテア

Copiapoa haseltoniana (=C. *cinerea* var. *gigantea* 'Haseltoniana')

若苗のうちは明緑色の肌で、オレンジ色の綿毛と細刺を持つ。黒王丸グループの中では最も巨大で人の背丈ほどに育つ。逆鱗竜の名がある。

Chile : (8-20km North of Rado Paposo, Antofagasta)
FK 33 ★★★

コピアポア・コルムナアルバ

Copiapoa columuna-alba

孤竜丸(こりゅうまる)の日本名があるが、コルムナアルバで呼ばれるほうが多い。単幹でほとんど子株を出さず、黒王丸より巨大に育つ。一般に本種の実生苗は白刺が多いといわれるが、種子を播くと黒褐色刺のコロニーも少なくない。自生地の株が一様に黒刺なのは、霧のため生ずる黒カビが原因と考えられる。

Chile : Esmeralda　WM 031 ★★★

Ball cactus / South America

コピアポア・コキンバナ
'アルティコスタータ'
Copiapoa alticostata
 (=*C. coquimbana*
'Alticostata')
この個体はコキンバナの変種として入手したが、最近は独立種として扱われている。刺が長く密につく魅力的なコピアポアのひとつ。

Chile : (5km North of Freirina, Huasco)　FK 68　★★★

コピアポア・デアルバータ
Copiapoa dealbata
巨大なドーム状に群生し、大きなものは直径2mを超える。ゆるくカーブした長刺の数は1〜6本と個体差が大きい。黒土冠(こくしかん)の名がある。

Chile : (Carrizal Bajo)
PV 2045　★★

コピアポア・エキノイデス
Copiapoa echinoides
本種は様々なタイプを含んでおり、この個体のような褐色肌は変種のクプレア(C. echinoides var. cuprea)もしくはデュラ(C. dura)と呼ばれることがある。

Chile : (5km West of Totoral Bajo, Copiapó)　FK 49　★★★

コピアポア・ヒポガエア・バルクイテンシス
Copiapoa hypogaea var. *barquitensis*
コピアポア属には大型の黒王丸などとは別に、砂礫に埋もれてひっそりと育つ小型のグループがある。その代表が本種で変種名は地名にちなむ。

Chile : (South of Barquito, Antofagasta)　FK 393　★★

コピアポア・グリセオビオラセア
Copiapoa griseoviolacea

2010年9月にチリ中部のワスコ (Huasco) 南東部で採取され、翌2011年に記載された新種。その後いくつかの産地が見つかっている。肌色が黒紫色をしているのが特徴。しかし、コピアポア属は分類の見直しで多くの種が統廃合され、本種もエキノイデス変種クプレア (C. echinoides var. cuprea) などの1タイプとする意見もある。

Chile : Atacama
(Las Pintadas, 499 m)
JN 812
★★★

コピアポア・クラインジアナ
Copiapoa krainziana

白髪状の刺に覆われた特異な姿のコピアポア。長い刺は霧を水滴に変えるために役立っていると思われる。黒王丸同様、肌は白粉に覆われていて、遺伝子レベルでは両者の差はほとんどないらしい。自生地はごく狭い範囲に限られ、谷筋ひとつの違いで辿りつくことができないという。稀翁玉、銀髯丸などの日本名がある。

Chile : (Quebrada de Ramón)
FK 500 ★★★

Ball cactus / South America

コピアポア・ラウィ
Copiapoa laui

コピアポア属中で最も小さく成株でも2cmに満たず、地下にその何倍かの大きさの貯蔵根がある。群生し、初夏に芳香のある黄花を咲かせる。

Chile : 02 Antofagasta (Guanillos)   FK 439 ★★

コピアポア・ソラリス
Copiapoa solaris

大きな刺座に黄褐色の強刺をつけ、径2mを超える大群生株に育つ。生育は遅く、自生地では樹齢数百年を超える。沙羅玉(さらぎょく)の日本名がある。

Chile (Botija Valley, peak)
JA 274
★★★★

デンモザ・ロダカンタ
Denmoza rhodacantha

デンモザ属は以前、外観の異なる種ごとに茜丸、栖鳳、紅蓮竜、火焔竜などの名があてられていた。しかし、自生地の実態が解明されるにつれ中間タイプが多く見つかったため、いまではロダカンタ種とされている。花は筒状の珍花で、花弁が開かずに雄しべ雌しべが突き出す。園芸的には特徴の際立ったタイプを探す楽しみがある。

Argentina : La Rioja (East of Los Tambillos, 1600m)   RH 0654a ★★

Ball cactus / South America

エキノプシス・クリソケテ・ミヌティフロラ
Echinopsis (=Lobivia) chrysochete var. *minutiflora*

直径30cmを超す大型種。花は昼咲きの小輪多花性。本種はロビビア属とされることもあるが、南米産のサボテンの多くで分類の見直しが行われており、エキノプシス属ーロビビア属ートリコケレウス属の遺伝的、形態的連続性が指摘されている。

Argentina : Salta
(Sierra de Santa Victoria)
MPL 76.4 ★★

エキノプシス・クリソケテ
Echinopsis (=Lobivia) chrysochete

日本名は橙月丸。自生地の標高は4000mを超える植物にもかかわらず、遥か下界で栽培できるというのは不思議でさえある。

Bolivia : Potosi (Melena Alta ～ Tambillos,
East of Esquiri, 4111 m)
TB 878.1 ★★

エキノプシス・レウカンサ
Echinopsis leucantha

麗刺丸、豪剣丸などの名で古くから知られるが、栽培にクセがあるため実物に出会うことは少ない。トランペット型の白花を咲かせる。

Argentina : Catamarca (Loro Huasi, 2013 m)
TB 343.2 ★★

Ball cactus / South America

エキノプシス
・マミローサ
Echinopsis mamillosa

本種は白花で輝鳳丸の日本名がある。赤花タイプを紅鳳丸といい、本属では赤花種が少ないため広く栽培された。

Argentina : Salta (Rio Bermejo)
WR 799 ★

エキノプシス
・オキシゴナ
Echinopsis oxygona

アルゼンチンで発見された本種は当初、エキノプシス属の不明種とされていたが、その後の調査でオキシゴナの1タイプとされた。

Argentina : Corrientes (Paso de los Libres to Mercedes)
LB 251 ★

エキノプシス・チャコアナ
Echinopsis rhodotricha ssp. *chacoana*

まっすぐな稜に長い直刺をつけるロダカンサの亜種。日本名は豪刺丸。自生地では灌木の陰などに生えており、栽培下でも強い日射しを嫌う。

Paraguay : Boquerón (Mariscal Estigarribia)
P 446 ★★

エキノプシス・ブルチィ
Echinopsis (=Soehrensia) bruchii

たいへん大きく育つサボテンで、単独でも径40cmを超え、群生すると1m以上になる。かつてはソエレンシア属とされた。湘陽丸の名がある。

Argentina : Tucumán (Tafi del Valle 2800m)
P 40 ★★

Ball cactus / South America

エキノプシス・ランダリィ
Echinopsis (=Soehrensia) formosa ssp. *randalii*

長いあいだ幻のサボテンと呼ばれていたもののひとつ。長い刺は水にぬれると鮮やかな茜色になる。花は黄〜橙色の大輪花。

Bolivia : Tarija (Tres Cruces North of Iscayachi, 3432 m)　TB 184.2
★★★

エリオシケ・アウラタ 天然交配種
Eriosyce aurata (=*E. ceratistes* × *E. sandillon*)

自然交雑種として来たものだが、両種はアウラタの異学名同士であった。

Chile : Coquimbo (Sierra Telahuen, 1394 m)
KP 761　★★★

エリオシケ・アウラタ
Eriosyce aurata

本種はエリオシケ属の代表種のひとつで、チリの標高数100mから2000mの場所に産し、多くは1000m前後に多い。刺色やその長さ、本数によって、極光丸、阿吽玉、五百津玉などの日本名がある。種子の発芽率が悪いため苗の流通は少ない。この個体はわずかに発芽した苗を接ぎ木して育てたものだが、該当する日本名は見つからなかった。

Chile : Atacama 〜 Coquimbo 〜 Valparaiso　★★★

Ball cactus / South America

エリオシケ・
ロデンティオフォラ
Eriosyce rodentiophila
(=*Rodentiophila magacarpa*)

頑丈な刺に覆われた端正な姿のサボテンで、かつてはロデンティオフィラ属として扱われた。

Chile : Atacama (Quebrada El León)
JN 729 ★★★★

エリオシケ・ナピナ
Eriosyce (=*Thelocephala*) *napina*

このような小形で刺の短い一群をテロケファラ属（Thelocephala）もしくはチレオレブチア属（Chileorebutia）として扱うこともある。日本名は豹頭に該当する。

Chile : Atacama (East of Huasco)
FR 249 ★★

エリオシケ・クルビスピナ'ツベリスルカタ'
Eriosyce curvispina 'Tuberisulcata'
(=*Pyrrhocactus tuberisulcatus*,
Horridocactus curvispinus)

頑丈な刺のサボテンで、このタイプは魁壮玉と呼ばれる。春に咲く花はくすんだ橙赤色〜黄色と株により様々。

Chile : Valparaiso (South of Valparaiso)
FK 300 ★★

Ball cactus / South America

エリオシケ・セニリス（ブラウンフォーム）
Eriosyce senilis (=*Neoporteria multicolor*, brown form)

白と茶色の刺が入り交じり、渋い肌色とあいまって枯淡な雰囲気を醸し出す。刺の色の濃いタイプは彩翁玉、明るいものは銀翁玉と呼ばれる。
Chile : Coquimbo (Quelen , Choapa, on hills)
FK 423
★★

エリオシケ・クリスパ
Eriosyce crispa

褐色の刺の小型種で、開花期以外自生地では見つけるのは難しい。オレンジがかったピンクという不思議な色合いの美花を咲かせる。
Chile : Atacama (2km West of Maitencillo , Freirina, Huasco)
FK 78 ★★

エリオシケ・セニリス
（ホワイトフォーム）
Eriosyce senilis (=*Neoporteria multicolor*, white form)

弾力のある白刺に覆われ、早春にピンク色の花を多数咲かせる。日本名は白翁玉。以前はネオポルテリア属の代表種だったが、分類の見直しでネオポルテリア属全種はホリドカクタス属、ヒルホカクタス属、ネオチレニア属などとともにエリオシケ属に吸収された。分類上の所属はともかくとして、美しいサボテンであることには変わりない。
Chile : Coquimbo (West of Coyton, Choapa)
FK 422 ★★

49

Ball cactus / South America

エリオシケ・メグリオリ
Eriosyce megliolii
灰黒色の強刺が密生し、暗黄色の中輪花を咲かせる。かつてはヒルホカクタス属 (Pyrrhocactus) として扱われた。
Argentina : San Juan (North of Marayes, 585m)　JA 489　★★★

エリオシケ・タルタレンシス 'ネオハンケアナ'
Eriosyce taltalensis ssp. *paucicostata* 'Neohankeana'
褐色の肌は1年中あせることがない。かつてはネオチレニア属とされ、いくつかの変種や亜種がある。種名は自生地のひとつ、タルタル地方にちなむ。
Chile : Antofagasta (North of Paposo, Taltal)
FK 499
★★

エリオシケ・パウキコスタータ・フロッコーサ
Eriosyce paucicostata ssp. *floccosa*
本種は最初ネオチレニア・フロッコーサとされた。渋い肌色、豊かな白毛、頑丈な刺と三拍子そろった美種だが栽培される例はまれで日本名もない。花は明るいピンクでその後指先ほどの果実をつける。果実は1年近くついているが、中は空洞で種子は入っていない。種子を得るには別株との交配を必要とする。
Chile : Atacama (Blanco Encalada / alt. 600m)　RMF 45　★★
★★

Ball cactus / South America

エリオシケ・
タルタレンシス・ピリスピナ
Eriosyce taltalensis ssp. *pilispina*

タルタレンシスの亜種のひとつで、黄褐色の長刺に覆われる。刺は密で弾力があり、太陽光を受けると白金色に輝く。自生地では日よけや乾燥防止に役立っていると考えられる。

Chile : Atacama (16km South of Chañaral)　FK 514　★★

ギムノカリキウム・
アニシトシィ
Gymnocalycium anisitsii

日本名は翠晃冠。丈夫で小学生時代の筆者が初めて育てた種類でもある。晩春から夏にかけて次々に白花を咲かせる。

Paraguay : Concepción
(Concepción /alt. 200 m)
VoS 01-028　★

ギムノカリキウム・
バルディアヌム
Gymnocalycium baldianum

本属の中では数少ない赤花を咲かせる種類。緋花玉の名で大量生産されるタイプは改良された園芸種で花色は白、ピンク、赤と様々。

Argentina : Catamarca(Sierra de Ancasti, 2 km North of Cuesta del Portezuelo /alt. 1836m)
RER 403　★

Ball cactus / South America

ギムノカリキウム・
バルディアヌム・サンギニフロルム
Gymnocalycium baldianum
f. *sanguiniflorum*

前ページの基本種に比べると長い刺が目立つ。花は同様に鮮やかな赤色。本種を独立種として扱う場合もある。

Argentina : Catamarca(Chilca)
WR 765　★

ギムノカリキウム・
ボーデンベンデリアヌム
Gymnocalycium
bodenbenderianum

焼けたような肌から黒い短刺が突き出す渋い種類。本属の中では生長は遅いほうである。この学名に対応する日本名は黒蝶玉だが確定はできない。なぜなら本種は数え切れないくらいの変異があり、それぞれ学名や日本名が交錯して収拾がつかないからである。

Argentina : Catamarca (Salinas Grandes /alt. 400m)
P 402　★★★

ギムノカリキウム・
カルデナシアヌム
Gymnocalycium cardenasianum

光琳玉の名があり、最近の分類ではスペガツィニィ（Gymnocalycium spegazzinii ：日本名＝天平丸）の亜種という扱いだが、園芸的には区別される。外見ばかりではなく栽培上の性質もかなり異なる。

Bolivia : Tarija (3km South of Carrizal)
VS 304　★★

Ball cactus / South America

ギムノカリキウム・アルマツム
Gymnocalycium armatum

本種は カルデナシアヌム（G.cardenasianum：日本名＝光琳玉）の発見者でもあったリッター氏（F. Ritter）が 1963年に近縁の強刺種として発表したもの。自生地は険しい地形の限られた場所で、近づくのは容易ではないという。

Bolivia : Tarija
(Caña Cruz to South of Paichu)
HTH 105 ★★

ギムノカリキウム・アルマツム
Gymnocalycium armatum

この個体はカルデナシアヌムとの中間タイプ。両種ともベージュ色の底紅花を咲かせるが、刺に遮られて全開しない。

Bolivia : Tarija (Parokia, Rio Toraja Puno /alt. 2854m)
JO 600 ★★

ギムノカリキウム・カタマルケンセ'マヨル'
Gymnocalycium catamarcense 'Major'

本種はアルゼンチンの比較的標高の高い地域に自生し、刺の長短、密度などいろいろなタイプを含んでいる。写真の株は碧巌玉と呼ばれるタイプ。

Argentina : Catamarca (Estancia La Alfara / behind Quebrada de Belén / alt. 1445 m)
KFF 1258 ★★★

Ball cactus / South America

ギムノカリキウム・
フェロックス
Gymnocalycium ferox

ギムノカリキウム属の中では強刺をつける種類のひとつ。カステラノシィ（G. castellanosii：剣魔玉）と同じという意見もあるが、園芸上は区別される。

Argentina : Córdoba
GN 396-1311 ★★★

ギムノカリキウム・
フレドリッヒ
Gymnocalycium friedrichii

つや消しの赤肌に白い紋様が浮かび上がる。日本名は牡丹玉。ミハノビッチィ（G. mihanovichii：瑞雲丸）の変種という意見もある。

Paraguay : Alto Paraguay (North of Capitan Mayor Pablo Lagerenza towards Palmar de las Islas 225 m)
VoS 01-018 ★★

ギムノカリキウム・
ギボッスム・フェロックス
Gymnocalycium gibbosum ssp. *Ferox*

本属の中では最も南まで分布する種類で、寒さにも強い。基本種は九紋竜の日本名がある。

Argentina : Chubut (Dolavon /alt.160m)
WP 92-49/62 ★★

ギムノカリキウム・メガタエ
Gymnocalycium megatae ssp. *Nova*

メガタエの種小名は昭和初期のサボテン研究者、目賀田守種氏にちなむ。The Plant ListではGymnocalycium marsoneri ssp. matoenseの異学名としているが、欧米の趣味家の間では今も使われる。暗緑色の肌をした端正な姿のサボテンで扁平に育つ。この個体はチェコの研究者が新しいタイプ（ssp. nova）として発表したもの。

Argentina : Santiago del Estero (Before Villa Guasayán)
JN 106 ★★

ギムノカリキウム・モンビレィ
Gymnocalycium monvillei

鮮緑色の肌に金色の刺が映える大型のサボテン。刺の根元が赤褐色のタイプを多花玉、黄色いタイプを金碧と呼ぶが、同じコロニーの種子から両タイプが出現する。花は白～淡桃色の巨大輪で、ときに径12cmを超える。

Argentina : Cordoba(El Hongo 600m)
P 6 ★

ギムノカリキウム・オコテレナエ
Gymnocalycium ochoterenae

暗色の肌に黒もしくは白い刺をつけ扁球形に育つ。刺の長短や広がり方にはいくつかのタイプ違いがある。日本名は武勲丸。

Argentina : San Luis (San Francisco, 700m)
GN 86-5/4 ★★

ギムノカリキウム・
プロチャズキアヌム
Gymnocalycium prochazkianum

最近知られるようになった種で、肌色は紫色を帯びた灰緑色から青緑色、粉を吹いたように白っぽくなる。自生地は限られていて個体数も少ないという。

Argentina : Cordoba (Quilino)
VS 141　★★

ギムノカリキウム・
シッケンダンツィ
Gymnocalycium schickendantzii

本種は波光龍の名があって、アルゼンチンの北西部に広く分布する。いくつかの亜種があるが、どれも茎の側面に近い場所から花を付ける。

Argentina : Córdoba (Cruz del Eje / alt. 470 m)　MN 70　★★★

ギムノカリキウム・ティルカレンセ
Gymnocalycium tilcarense

ドイツのバッケベルグ氏は本種を独立属のブラキリキウム属(Brachycalycium tilcarense)とした。しかしその根拠があいまいだったため、今ではギムノカリキウム属(Gymnocalycium saglionis：日本名＝新天地もしくはその亜種)として扱われている。基本種よりやや小型で刺が密生する個体が多く見られる。

Argentina : Jujuy (Quebrada de Purmamarca) P 70　★

Ball cactus / South America

ギムノカリキウム・スペガツィニィ
Gymnocalycium spegazzinii
本種は最も人気のある種類のひとつで天平丸と呼ばれる。アルゼンチンの標高の高い地域に広く分布し、様々なタイプがある。
Argentina : Salta (Quebrada del Toro)　FK 648　★★★

マツカナ・ヒストリックス 'ブレビフロラ'
Matucana hystrix 'Breviflora'
マツカナ属はペルー特産で美花種揃い。姿かたちもバラエティに富む。本種の花は鮮やかな赤色で、季節にかかわらず一年中断続的に咲く。
Perú : Sara Sara, Ayacucho　MVW 519　★★

マツカナ・インターテクスタ
Matucana (=Submatucana) intertexta
艶のある肌とヒゲ状の刺が特徴。オレンジ色をしたほっそりした花を春秋に多く咲かせる。悠仙玉の日本名がある
Perú : Cajamarca (Crisnejas / alt. 500-800m)　L 108　★★

マツカナ・クラーニィ
Matucana krahnii f.
稜はコブ状に分かれ、細い刺が不規則にうねってつく奇妙なサボテン。初夏から秋にかけて花筒の長い朱赤色花を咲かせる。
Perú : Amazonas (Canchillos / alt. 1200-1400m)　L 178A　★★

Ball cactus / South America

マツカナ・マジソニオルム
Matucana (=Submatucana) madisoniorum

丸々とした球体にまばらに刺をつける。刺は脱落しやすく、自生地では刺無しとなりロフォフォラ属のように見えるという。奇仙玉の名がある。

Perú : Amazonas(Río Marañón, Rentema /alt. 1500m)
KK 456 ★★

マツカナ・オレオドクサ・レブチオイデス
Matucana oreodoxa ssp. *rebutioides*
(=*M. rebutiiflora*)

朱赤色のレブチア属に似た花を咲かせる。自生地はペルー北西部の高原地帯で、イギリス人のグラハム チャールズ氏によって発見された。

Perú : Áncash (Sihuas)
GC 1162,02 ★★

マツカナ・リッテリィ
Matucana (=Submatucana) ritteri

光沢のある深緑色の肌を持ち、赤色の目立つ花を群がり咲かせる。花首が長く、先端付近が傾く独特の形は本属の半数近い種類に見られる。

Perú : Cajamarca(Otuzco /alt. 3000m)
FR 299 ★★

マツカナ・ウェベルバウエリ・フラメア
Matucana weberbaueri f. *flammea*

まっすぐな長刺は個体によって黄白〜濃黄と色幅がある。花もレモン黄〜オレンジの個体差があるが、本種の場合は刺色と花色はリンクしない。

Perú : Amazonas (Balsas /alt. 800-1000m) L 109 ★★

Ball cactus / South America

ネオウェデルマニア・ボウェルキィ
Neowerdermannia vorwerkii

ボリビアのラパス〜オルーロや
アルゼンチンのフフイ州で、標
高3000〜4000mに自生する。
刺座が疣の間にある。太いカ
ブラ状の根を持つ。群嶺の名
がある。

Bolivia, Argentina
(alt. 3000 -4000m)
★★★★

オロヤ・ボルケルシィ
Oroya borchersii

ペルー中部のアンデス山脈ブ
ランカ山系の標高4000m付近
に自生する。本属の中では唯
一の黄花。暮雲閣の名がある。

Perú : Áncash
(Carpa /alt. 4250m)
★★★

Ball cactus / South America

パロディア・
クリサカンシオン
Parodia chrysacanthion

自生地はアルゼンチンの岩山で、純白の岩生ブロメリアの中に混じって生えている。黄白色の刺が密生し、日本名は錦翁玉。

Argentina : Jujuy (Termas de Reyes, 1800m)
OF 67/80 ★★★

パロディア・
ギブロソイデス
Parodia gibbulosoides

白い細刺が密生する小型種。本属には珍しいタイプで、外見はメキシコ産のエビテランサ属に似ている。春に極小輪の黄花を群開させる。

Bolivia : Chuquisaca
MN 478 ★★

パロディア・
リッテリィ 'ルビダ'
Parodia ritteri 'Rubida'

本種はパロジア・マーシィ (P.maasii：日本名＝魔神丸) の異学名とされることがあり、園芸的には刺色によってさらに細分化される。

Bolivia : Chuquisaca (Lime, 5 km North-West of El Puente, 2414m)   MN 508 ★★★

パロディア・マキシマ
Parodia maxima

ほとんど仔吹きせず、長いカギ刺に覆われて大型に育つ。自生地ではしばしばフットボール大の株も見つかる。日本名は武神丸。

Bolivia : (Tarija Méndez Cieneguillas /alt. 3050 m)
RH 3180b ★★★

パロディア・シューメリ
Parodia stuemeri f. (=*P. schuetziana*)

頭部は白い綿毛があり、茶褐色の蕾(つぼみ)から紅色の花を咲かせる。色彩的にはチョコと苺で飾ったショートケーキを思わせる。橙繡玉(とうしゅうぎょく)の名がある。

Argentina : Salta (Iruya, 2700 m)　　MN 177　★★

パロディア・グラッスネリ
Parodia (=*Brasilicactus*) *graessneri*

旧属名のブラジリカクタスは自生地を表わす。花は黄緑色の小輪。下の雪晃のあとに本種が導入されたため、黄雪晃と名付けられた。

Brazil : Rio Grande do Sul (Saõ Francisco da Paula)
★

パロディア・ハセルベルギィ
Parodia (=*Brasilicactus*) *haselbergii*

早春に赤い花を咲かせるところから「雪中の灯」をイメージして雪晃(せっこう)の日本名がある。栽培容易なことと、白刺と赤花の取り合わせが目立って花持ちも良いので、売店でドライフラワーを挿したサボテンが普及する前は1番の人気種だった。花は昼夜を通して一週間以上咲き続け、全部咲き終わるには1ヵ月以上かかることもある。

Brazil : Rio Grande do Sul
PR 273
★

Ball cactus / South America

パロディア・レニングハウシィ
Parodia (=Eriocactus) leninghausii

自生地は急斜面の岩場で、生長につれて茎先が傾いてしまうのは斜面の傾斜に合わせる性質の表れだという。旧属名のエリオカクタスは「羊毛のあるサボテン」の意味。日本名は金晃丸。寒暑に強く、しばしば軒下で大株になった鉢植えを見かける。花は黄白色の大輪花。丈夫で育てやすく、とくに小苗は軟らかい金色刺が美しいので、世界中で実生苗が大量に育てられる。

Brazil : Rio Grande do Sul (Arroio da Sêca)　AH 341 ★

パロディア・
マグニフィクス
Parodia (=Eriocactus) magnificus

青緑色の肌と金色の刺との配色が美しい。栽培容易で左よりも大型に育ち、径60cmを超える大群生株になる。英冠丸の名がある。

Brazil : Rio Grande do Sul (Sierra Geral)　FR 1270 ★

パロディア・
コンキヌス・アグネタエ
Parodia (=Notocactus) concinnus ssp. *agnetae*

触角のような細刺をつけて扁平に育つ旧ノトカクタス属のサボテン。黄色大輪花を咲かせる。基本種のコンキヌスに該当する日本名は美装玉。

Brazil : Rio Grande do Sul (Bagé)　HU 77 ★

Ball cactus / South America

パロディア・ オルタカンサス	パロディア・ オットニス	パロディア・ シュロセリィ	パロディア・ ツレッキアヌス
Parodia (=Notocactus) *orthacanthus*	*Parodia (=Notocactus)* *ottonis*	*Parodia (=Notocactus)* *schlosseri*	*Parodia (=Notocactus)* *turecekianus*
Brazil : Rio Grande do Sul DV 71 ★★	Brazil : Rio Grande do Sul (Guaritas)　AH 39 ★	Uruguay : Laguna Garzon, MD DV 4 ★	Argentina : Corrientes (Las Tunas)　FF 584 ★★

旧属名のノトカクタスは「南のサボテン」の意味で、各種が南米アルゼンチンからウルグアイ、ブラジル南部に広く分布することにちなむ。このグループの多くは黄花で雌蕊が赤いのも特徴とされるが、赤や紫紅色などの例外もある。日本名は仙鏡丸(上左)、青王丸(上右)で下の2種にはまだない。どちらかというと標高の低い草原や林の周囲に自生し、高山性の種類の多い旧パロディア属の各種と比べると、はるかに栽培容易で初心者にも扱いやすい。実生もこぼれダネから自然に苗が育つほど簡単である。青王丸などは昔からサボテンの入門種として普及していた。種類によって、一株で種子のできる系統とそうでない系統があるので注意したい。

Cactus

Ball cactus / South America

パロディア・ユーベルマニアヌス
Parodia (=Notocactus) uebelmannianus

旧ノトカクタス属の中では異例の紫紅色大輪花を咲かせる。普及種のひとつで、日本名は芍薬丸もしくはすみれ丸。

Brazil : Rio Grande do Sul (Minas do Camaquã)　WG 294　★

ユーベルマニア・メニネンシス
Uebelmannia meninensis

細い疣が重なってできたような稜に弱々しい刺を疎らにつける。爬虫類を思わせる不思議な質感を持っている。

Brazil : Minas Gerais (Itamarandiba)
HU 281
★★★★

ユーベルマニア・ペクチニフェラ
Uebelmannia pectinifera

まっすぐな稜、隙間なく並ぶ刺座に整然とつく刺など、他に例のない端正な姿が魅力。肌の表面は微細な凹凸があって独特の質感を持つが野生株では濃い白粉を帯びている。自生地では石英砂に覆われた特殊な酸性土壌に生えている。いくつかの亜種があり、刺や肌の色、刺座の粗密、刺の長さや生え方などの違いがある。

Brazil : Minas Gerais (Municipio Couto de Magalhães de Minas, 700-1000m)　HU 106　★★★

Ball cactus / South America

ユーベルマニア・フラビスピナ
Uebelmannia pectinifera ssp. *flavispina*

ペクチニフェラの亜種。明るい肌色、黄褐色で放射状につく刺などで区別される。花はごく小さなものを早春に咲かせる。

Brazil : Minas Gerais (West of Diamantina, Barão de Quacuí, 1280m)
HU 361　★★★

ウイギンシア・カルベスケンス
Wigginsia calvescens

本種は生長につれて刺が減り、最後は無刺になる性質がある。扁平なまま径20cmほどに育つ。写真は径約6cmの小苗。

Brazil : Rio Grande do Sul (Barra da Quaraí)　MGH 171　★★

ウイギンシア・エリナケア
Wigginsia erinacea

ウイギンシア属はかつてマラコカルプス属と呼ばれた。ノトカクタス属（＝パロディア属）に含めることもある。本種の日本名は地球丸（地久丸とも）。

Uruguay : Maldonado (North of Pan de Azúcar)　AH 183　★★

Cactus

Ball cactus / South America

ブロスフェルディア・リリプタナ
Blossfeldia liliputana 'Pedicillata'

アルゼンチンからボリビアにかけての高山帯に広く分布する。外見上の微妙な差により細分化されていたが、いまはリリプタナ1種と考えられている。日本名は松露玉。岩壁に地衣類と混じって生えており、生態もコケに似ている。すなわち乾季は干涸びて休眠し、雨季には根だけでなく体表面全体から吸水する性質がある。直射光を嫌う。

Bolivia : Chuquisaca (Tomina)
FR 749 ★★★★

フライレア・カスタネア
Frailea castanea

ウルグアイ産で径3cmほどの小型種。本種の学名は土栗にあたるが国内で広く見られる系統に比べると二回りほど小さい。

Uruguay : Rivera (Cuchilla Negra)   FS 212 ★★

フライレア・アステロイデス	フライレア・ホルスティ	フライレア・マミフェラ	フライレア・メリタ
Frailea asterioides	*Frailea horstii*	*Frailea mammifera*	*Frailea melitae*
Uruguay : Artigas (near Javier de Viana) LB 640 ★★	Brazil : Rio Grande do Sul (Pedra do Segredo) MGH 159 ★★	Brazil : Rio Grande do Sul (Dom Pedrito, Linha Gutterez) GF 616 ★★	Brazil : Mato Grosso do Sul (north of do Rio Apa 135 m) VoS 06-285 ★★

フライレア属はブラジル、パラグアイ、コロンビア、アルゼンチンなど南米各地に広く分布し、花が咲かないまま種子の入った果実をつける珍しい性質がある。種子は大粒でよく発芽するが、急速に活性を失って１年後にはほとんど発芽しない。自生地では小さなコロニーが各地に点在し、コロニー間の遺伝子の交換は少ないと考えられる。本属は外見上二つのグループに分けられる。扁球形の茎を持つタイプ（上左、下右）と、ひょろりと細長い茎を持つタイプ（上右）で、わずかに中間的なもの（下左）もある。実生苗は３〜４年で開花（結実）を始めるが寿命はそれほど長くなく、10年程度で世代交代する。かつて我が国に導入された種の多くは少数を除いて絶種したと見られる。

各種につけられた日本名の多くも、当時の系統が残っていないものについては確認困難である。本書に載せた種は全て新たに導入しなおしたもの。栽培容易、場所をとらずコレクション向きのサボテンである。

Ball cactus / South America

フライレア・クプラリア
Frailea phaeodisca ssp. *cupularia*

黄色がかった明るい肌に褐色の刺座がアクセントの小型種。本種も沢山のタイプがあるようで、写真の系統は金色の細刺が肌に貼りつくタイプ。

Uruguay : Lavalleja
(Nico ~ Pérez, Route 14)
PR 30
★★

ロビビア・ヤヨアナ・グラウカ
Lobivia jajoiana var. *glauca*

ロビビア属は色鮮やかな大輪花を咲かせることで有名だが、高山植物に近い性質があり栽培はなかなか難しい。本種は紅笠丸の1タイプ。

Argentina : Jujuy
(Purmamarca, 2500 m)
MN 36
★★★★

レブチア・シンチア
Rebutia cintia (=*Cintia knizei*)

発見当初は類縁関係がわからず、一属一種とされた。ペルーのサボテン業者カールナイツ氏（略称:KK）から導入されたため、恵毛玉の愛称でも親しまれている。

Bolivia : Chuquisaca (Padcoyo)
VS 322
★★★

Ball cactus / South America

レブチア・フェブリギィ'デンシセタ'
Rebutia fiebrigii 'Densiseta'

レブチア属は小型でオレンジ～黄色系の花を咲かせる種類が多い。自生地は2000mを超える高山だが、過湿に注意すれば栽培しやすい。

Bolivia : (Paso del Condor,
South hills, East hillside)
SE 85
★★

レブチア・ヘリオーサ
Rebutia heliosa

触れてもほとんど刺が気にならないので人気がある。群生しやすくオレンジ色の花を沢山咲かせる。以前はアイロステラ属 (Aylostera) とされた。

Bolivia : Tarija (Tarija to Narvaez)
WR 314
★★

レブチア・ヘリオーサ・テレサエ
Rebutia heliosa ssp. *teresae*

粗い刺が目立つヘリオーサの亜種で花はほぼ同じ。この仲間は真夏も休眠してしまうことがある。

Bolivia : (Tarija to Condor Pass /
alt. 2080m)
SE 227
★★

レブチア・ワルテリ
Rebutia walteri

アルゼンチンの北部産で、花は黄～オレンジ色の変異がある。同じコロニー内に多数の花色が混在するのは珍しいことではない。

Argentina : (Jujuy ~ Salta ~ Catamarca)
R 784
★★

Ball cactus / South America

スルコレブチア・メントーサ
Sulcorebutia mentosa

属名は「溝のあるレブチア」の意味で、刺座が縦長で溝になっていることにちなむ。若苗のうちは櫛歯状の刺で、大きくなるにつれて特徴を現す。小型種が多く、光沢のある色とりどりの花を沢山咲かせる。同一種でも産地の違いで刺姿や花色が異なり、ヨーロッパには熱心なコレクターも多い。本種は径10cm近くなる大型種で、紫紅色の花をつける。

Bolivia : Laguna to Molinero, Cochabamba /alt. 2750m
HS 118 ★★

スルコレブチア・プルクラ
Sulcorebutia pulchra

低いコブ状の稜と櫛歯状の短刺という典型的な特徴を持つ。肌色はミントグリーンから褐色まで産地によって違いがある。写真は褐色肌のタイプ。

Bolivia : Romeral to Poroma
(Cerro Huayquita /alt. 3109m)
VZ 159 ★★★

スルコレブチア・ポリモルファ
Sulcorebutia polymorpha

長い刺が魅力的なサボテンだが、分類上の扱いは定まっておらず、ステインバッキィ (S. steinbachii) の亜種、あるいはチラケンシス (S. tiraquensis) の異学名とされることがある。

Bolivia : Kayarani, 15km West of Epizana
SE 130 ★★★

Ball cactus / South America

スルコレブチア・ラウシィ
Sulcorebutia rauschii

写真の株は紫紅色の花をつけるが、他にオレンジ黄、朱赤などがある。多くの変異を含むタラブコエンシス（S. tarabucoensis）の亜種とされることもある。

Bolivia : Zudáñez（second hill, Cerro Ayrampo /alt. 2770m）
VZ 50a ★★

ワインガルチア・ラナータ
Weingartia lanata

扁球形に育ち、春に花筒の短い黄色の花を沢山咲かせる。レブチア属やスルコレブチア属に近縁で、全部をレブチア属ひとつに統合する意見もある。

Bolivia : Chuquisaca (Chuqui Chuqui, Oropeza /alt. 1750m)
HS 42b ★★

ワインガルチア・ウェスティ
Weingartia westii

本属としては珍しく、鋭い長刺に覆われ褐色の肌をしている。花は黄花で花筒はやや長い。スルコレブチアの強刺グループとの中間的なもの。

Bolivia : 15km North of Cuchu Ingenio
SE 168 ★★★

Ball cactus / South America

ディスコカクタス・バイエンシス
Discocactus bahiensis

ディスコカクタスの仲間は成熟すると綿毛に覆われた花座ができる。花は夏の夜に白色で強い香りのある一日花を咲かせる。

Brazil : Bahia (Rio Salitre West bank, West of Abreus, 60 km West of Maçaroca)　HU 437　★★

ディスコカクタス・ホルスティ
Discocactus horstii

濃緑の稜線上に白い短刺をつける。独特の姿で他種と混同することはまずない。玉杯の華という名があるがほとんど使われない。

Brazil : Minas Gerais (Serra de Barro, Grão Mogol, 1000m)
HU 360　★★

ディスコカクタス・プラセンチフォルミス
Discocactus placentiformis (=D. crystallophilus)

ディスコカクタスの花は開花前日になってわかることが多く、何の予兆もなく突然咲くことも珍しくない。不思議なことに、しばしば花の咲く日がシンクロし、種の異なる複数の株が同じ日に開花する。

Brazil : Minas Gerais
(Tomás Gonzaga)
HU 582
★★

Ball cactus / South America

ディスコカクタス・プラセンチフォルミス
Discocactus placentiformis
(=*D. crystallophilus*)
ディスコカクタスの仲間は地域ごとの変異が大きく、刺の太さや本数を種の判定基準としたこともあった。黒い太刺を3本つけるタイプは'トリコルニス'と呼ばれることもある。
Brazil : Minas Gerais (Senhora da Gloria, East of Represa Três Marias, 700m)　HU 603　★★

ディスコカクタス・
ゼントネリィ亜種ブーミアヌス
'アラネイスピヌス'
Discocactus araneispinus
細工物のような雰囲気の美しいサボテンで、日本名は白条冠(はくじょうかん)。ゼントネリィ亜種のブーミアヌスの1タイプと見なされている。
Brazil : Bahia (Sierra de Mimosa, North of Limoeiro, 1130m)
HU 440　★★★

メロカクタス・
パウキスピヌス類似種
Melocactus sp. (=*Melocactus* aff. *paucispinus*)
本種ははじめ不明種として扱われたが、パウキスピヌスに近い種と考えられている。濃緑色の肌に赤刺と白毛をたくわえた花座が映える。メロカクタス属のほとんどの花は小輪で、夕方に開くものが多い。
Brazil : Bahia (Urandi)　HU 537　★★

Ball cactus / South America

メロカクタス・アズレウス
Melocactus azureus

白粉を帯びた青い肌が特徴で学名も「空色」という意味。本種だけは他家受精のため種子が得にくい。鶯鳴雲の名がある。

Brazil : Bahia ★★★

メロカクタス・コノイデウス
Melocactus conoideus

本種はいくつかのタイプがあり、写真のフィールドナンバーは緩やかにカーブした赤褐色の長刺が特徴。緋燕雲、帝雲の日本名がある。

Brazil : Bahia (North of Vitória da Conquista, 1200m)
HU 183 ★★

メロカクタス・マクラカントス
Melocactus macracanthos

カリブ海に浮かぶオランダ領リーワード諸島産の大型に育つメロカクタスの美種。赫雲の名がある。熱帯性で低温を嫌う。

Netherlands Antilles : Leeward Islands ★★★★

Ball cactus / South America

メロカクタス・マタンザヌス
Melocactus matanzanus

小型種で径7cm前後の株でも花座をつけ、人気が高い。種小名はおもな産地であるキューバのマタンサス(Matanzas)にちなむ。朱雲の名があるがほとんど使われない。

Cuba : (Vía Blanca)
AHB 14　★★

メロカクタス・ペレザッソイ
Melocactus perezassoi

茜色の細刺が密生する美しいメロカクタスで、株立ちになる性質がある。ハロウィ(M. harlowii)の亜種とされることもある。

Cuba : Jibacoa, Central Cuba.
★★★★

メロカクタス・サルバドレンシス
Melocactus salvadorensis

メロカクタス属は自家受精しやすく、熟した果実は花座からいきなり突き出てくる。色鮮やかで花よりも目を引く種類が多い。

Brazil : Bahia　★★★

Cactus

Pillar cactus
柱サボテン

アルマトケレウス・マタラヌス
Armatocereus mataranus

ペルー中部の乾いた石礫地に生える。乾期になるごとにくびれができるため、太いソーセージを積み重ねたような面白い姿に育つ。

Perú : Áncash 2500m ★★

アロハドア・マリラナエ
Arrojadoa marylanae

ブラジル東部の荒れ地に小さなコロニーを持つ。本属としては大型種であまり枝分かれせず直立して3mほどに育つ。花は濃紅色。

Brazil : Bahia (Serra Escura)
CS 130 ★★★

アロハドア・ロダンサ
Arrojadoa rhodantha var. *occibahiensis*

細身の柱サボテンで株立ち状に育つ。成熟した枝の先端に偽花座をつくって花をつけるが、しばらくすると再び生長するため、一定の間隔で環冠状の偽花座をつけた奇妙な姿となる。花は1〜2年前の偽花座からも咲くので、開花期はさらに奇観が増す。花は肉厚の円筒形で鮮やかな桃色、蝋細工に似た質感を持つ。

Brazil : Bahia (Tabocas do Brejo Velho)　HU 208 ★★

Pillar cactus

ブロウニンギア・ヘルトリンギアナ
Browningia hertlingiana (=*Azureocereus hertlingianus*)

青白い肌に金色の強刺が映える魅力的な柱サボテンで成木は高さ8mにもなる。旧学名のアズレオケレウスは「青い柱サボテン」の意味で、日本名は仏塔。生長が遅いため鉢植えでも楽しめる。なお、しばしば肌色の似たブラジル産のピロソケレウス・アズレウスを「仏塔」としている例があるが誤用である。

Perú : Arequipa (Cotahuasi to Velinga, Cañón de Cotahuasi / alt. 2170-1920m)　PH 764.08　★★★

ケファロセレウス・セニリス
Cephalocereus senilis

白髪状の長刺が全身を覆い、「老人」を意味する学名を持つ。日本名は翁丸。開花株は刺が短くなり別種のようになるが、生長が遅いため栽培下での心配はまずない。ほとんど枝分かれせず、自生地では高さ15m、太さ70cmを超える堂々とした姿に育つ。なかでもヒダルゴ州メツチトランの大群落が有名。

Mexicó : Hidalgo (alt. 1300〜1700m)　★★

Cactus

Pillar cactus

クレイストカクタス・
ヒアラカンサス
Cleistocactus hyalacanthus

細針状の刺が密生し株立ち状に育つ。純白刺のタイプは吹雪柱と呼ばれる。ハチドリが媒介する朱赤〜濃紅色の筒状花を沢山咲かせる。

Argentina : Salta (Chorrillos / alt. 2000m)　JA 392　★★

クレイストカクタス・
イコサゴヌス
Cleistocactus(=Seticereus) icosagonus

自生地ではチランジアとともに岩の隙間などに生える。株立ちに育ち、50cmほどでオレンジ色の美花を咲かせる。日本名は金玉兎。

Ecuador : 1600m　★★

クレイストカクタス・
コラデモノニス
Cleistocactus(=Hildewintera) colademononis

自生地は標高1300〜1500mの場所で、岩壁から垂れ下がって生えているという。大輪の赤花を群開させる。種名は「サルの尾」の意味。

Bolivia : Santa Cruz　★★

コレオケファロケレウス・
オーレウス・ブレビキリンドリカ
Coleocephalocereus aureus ssp. *brevicylindricus*

豊かな綿毛に覆われた花座を持つ。花座は体の片側だけに発達し、生長につれて縦に広がっていくため奇妙な姿となる。

Brazil : Minas Gerais (Pedra Azul, R. Jequitinhonha)　HU 167　★★

Pillar cactus

クレモノケレウス・アルビピロサス
Cremnocereus albipilosus

白毛を持つ柱サボテンで2017年に新属新種として記載された。大きな株立ちに育ち、コウモリ受粉に適した花を咲かせる。

Bolivia : (cliff of Río Grande)
★★★

デンドロケレウス・ヌディフロルス
Dendrocereus nudiflorus

キューバ特産で属名は樹木状柱サボテンの意味。熱帯林の中で幹回り1.8m、高さ10mを超す巨木に育つ。

Cuba : Varadero (Matanzas)
MVG 25 ★★★

エスポストア・ラナタ
Espostoa lanata

軟らかい綿毛と細刺が全身を覆う。防寒というより日よけや霧を集めて水を根元に落とすためと考えられる。日本名は老楽。

Perú : Amazonas (Balsas-Leimebamba, Chachapoyas)
RRP 655 ★★

エスポストア・ミラビリス
Espostoa mirabilis

本属には珍しく綿毛の少ない種類。刺色にはバラエティがあり、ところどころ太い針状刺を出す。越天楽の名がある。

Perú : Amazonas (Balsas, Chachapoyas)
RRP 668 ★★

Pillar cactus

エウリキニア・
サイント-ピエアナ
Eulychnia saint-pieana

丸く白毛をつけた刺座と
針状刺の組み合わせが美
しい。白銀城の名がある。
自生地はコピアポアと同
じ地域で栽培は難しい。

Chile : Antofagasta
(Esmeralda, 220 m)
JN 832　★★★★

ハーゲオケレウス・
デバリカチスピヌス
*Haageocereus
divaricatispinus*

金色の刺に覆われ1.5m
ほどの株立ちとなる。ハー
ゲオケレウス属には似た
種類が多く、H.クリサカン
サスとされることもある。

Perú : (Río Lurín,1200m)
KK 559　★★

ミクラントケレウス・
フラビフロルス・
デンシフロルス
*Micranthocereus
flaviflorus* ssp. *densiflorus*

高さ30cmほどの株立ちに
なる小形の柱サボテン。花
はオレンジ色の筒状花で
早春に咲き、体側に塊状に
つける。やや寒さを嫌う。

Brazil : Bahia (Morro do
Chapéu, 900m)　HU 221　★★

オレオケレウス・
ケルシアヌス
Oreocereus celsianus

高さ1.5mほどになり白毛
と赤褐色の強刺のコント
ラストが美しい。ライオン
錦の名があるが、刺色な
どにより様々な名称がつ
けられた。

Argentina : Jujuy
(Tafna /alt. 3683 m)
TB 404.6　★★★

Pillar cactus

オレオケレウス・セリカタ
Morawetzia doelzianus
(=*Oreocereus doelzianus* ssp. *sericatus*)

小型の柱サボテンでかつてはモラウェッチア属とされた。茎の先端に左右相称の筒状花を咲かせる。花色は赤〜紫紅色で美しい。

Perú : La Mar (East of Cordillera Huaytapallana , Ayacucho /alt.2300-2500m)　L 204　★★

オレオケレウス・トロリィ
Oreocereus trorii

膝丈ほどの株立ちとなり自生地では群生する。絹糸のような白毛を持ち、小苗のときから観賞価値が高い。白雲錦と呼ばれる。

Argentina : Jujuy (Iturbe to Iruya /alt. 3500m)
MPL 96.1　★★★

ペニオケレウス・グレッギィ・トランスモンタヌス
Peniocereus greggii var. *transmontanus*

細紐状の柱サボテンで自生地では低い薮の中に粗く枝を伸ばしている。地下に大きなカブラ状の塊根があって養水分を蓄え、夜開性の白色大輪花を咲かせる。基本種には大和魂の日本名がある。生長が遅く栽培は難しい部類に入る。休眠期の過湿はとくに禁物。

USA : Arizona (Tucson)　★★★

Cactus　81

Pillar cactus

ピロソケレウス・
ゴウネリィ
Pilosocereus gounellei

青緑色の肌と金色の刺、刺座の羊毛とのコントラストが美しい。豪壮竜の名があり生長が早く低木状に育つが耐寒性はあまりない。

Brazil : Bahia (Porto Alegre)
CS 128 ★★

ピグマエオケレウス・
アケルシィ
Pygmaeocereus akersii

指先ほどの柱サボテンでマット状に群生する。花は夜開性で翌朝には萎れてしまうが、一度に多数まとまって咲く性質がある。

Perú : Arequipa (Chala Viejo)
★★

ピグマエオケレウス・ビェブリィ
Pygmaeocereus bieblii

ペルー北部の高原で比較的新しく見つかった種類。自生地は限られており生えている標高によって姿と生態が変化する。標高の高いものほど刺が短く退化し、体のほとんどは土に埋もれている。球形〜短円筒形の茎に続いて太い根があり、小さな株立ちに育つ。花は白色の夜開性で芳香もある。

Perú : Ancash (Matal, Rio Santa Valley) ★★

Pillar cactus

ステノケレウス・エルカ
Stenocereus
(=*Machaerocereus*) *eruca*

頑丈な白刺を持つサボテンで、日本名は入鹿。かつてはマカエロケレウス属とされた。横倒しの茎の下面から根を出し、生長につれて根元から順に枯れていくため、常に横に移動しながら育つという変わった生態を持つ。自生地では'クリーピングデビル（這い回る悪魔）'の異名を持つ。

Mexicó : South Baja California
(San Carlos)　SB 1239　★★

トリコケレウス・チロエンシス
'ジッキアヌス'
Trichocereus chiloensis 'Zizkianus'

頑丈な幹と刺を持つ柱サボテンで、根元から株立ちになる。アルゼンチンからチリにかけて広く分布し、株立ちの様子や樹高などでいくつかのタイプ違いがある。基本種には錦鶏竜の日本名がある。

Chile : Coquimbo (Ruta 41 Andacollo village into mountains 761 m)　KBC 956　★★

トリコケレウス・コキンバナ
Trichocereus coquimbana

チリのコキンボ近郊に自生し、大群生株に育つ。学名にちなんで虎錦柱の日本名があるがほとんど知られていない。

Chile : (Los Hornos, North of La Serena)　JA 127　★★

Pillar cactus

Prickly pear cactus
ウチワサボテン

トリコケレウス・
フルビラヌス
Trichocereus fulvilanus

太い刺をつけ、分枝して低木状の群生株になる。花は大輪の白色だが栽培株は咲きにくい。曦鳳竜の名がある。

Chile : (Paposo, 200m)
KK 1419 ★★

ウィルコクシア・
ポセルゲリ
Wilcoxia(=Echinocereus) poselgeri

細く硬い茎先にピンク色の美花を咲かせる。日本名は銀紐。数本の根が肥大したダリアのような塊根をつくる。

USA : Texas (Jim Hogg County)
SB 852 ★★★

クムロプンチア・
ボリビアナ
Cumulopuntia boliviana f.

ウチワサボテンの一種で、長卵形の茎節が群生する。分布域はボリビアからアルゼンチンと広く、個体差も大きい。この株は短刺タイプ。

Argentina : Jujuy (La Quiaca / alt. 3375m)   MN 315a ★★

キリンドロプンチア・
ヒストリクス
Cylindropuntia hystrix

属名は「円筒状のウチワサボテン」の意味で、細長い茎節にびっしりと鋭い刺をつけブッシュ状に育つ種類が多い。本種も見た目は美しいが触れるのは危険。

Cuba ★★

Pickly pear cactus

キリンドロプンチア・ラモシッシマ
Cylindropuntia ramosissima

若い枝は径1cmほどで白い強刺をまばらにつける。カリフォルニア〜アリゾナ州およびメキシコのバハカリフォルニアにも分布する。

Mexicó : Baja California
★★★

グルソニア・ブラティアナ
Grusonia bradtiana

メキシコ産の円筒形ウチワサボテン。1mほどに育ち、自生地では真っ白な大株が斜面を埋める様子が見られるという。日本名は白峰(はくほう)。

Mexicó : Coahuila (Paila)
SB 1173 ★★

マイフェニオプシス・ダーウィニィ
Maihueniopsis darwinii

テフロカクタス属とともに南米の球状ウチワサボテンを代表するグループ。属名は「マイフェニア属に似た」という意味。低い半球〜芝生状に育つ。

Argentina : Mendoza
(Los Molles) JN 431 ★★

マイフェニオプシス・ダーウィニィ・ヒッケニィ
Maihueniopsis darwinii
var. *hickenii*

左の種の大型変種で茎節は約3倍、刺も長く10cmを超える。花は基本種と同じでオレンジがかった暗黄色。

Argentina : Neuquén
(Ciudad de Neuquén)
JN 402 ★★★

Pickly pear cactus

マイフェニオプシス・グロメラータ
Maihueniopsis glomerata

密な芝生状に広がる種で、休眠期は縮んで刺のマットのようになる。一般に本属は外見上テフロカクタスと混同されることが多く、栽培環境でも刺の長さや本数が変わるため、日本名は極度に混乱している。この種も「学名和名対照表」では姫武蔵野(インカの兵帽、習志野、山姥(やまうば)、黒太刀)などが該当することになっているが、どれとも当てはまらない。

Argentina : Mendoza (Tambillos)　JN 458　★★★

オプンチア・ディプロウシナ
Opuntia diploursina

軟らかい長刺に包まれた小型のウチワサボテンで、長楕円形の茎節は地際から分岐して株立ちになる。最近記載されたばかりの新種。

USA. : Arizona (Mohave County) ★★★

オプンチア・ガラパゲイア
Opuntia garapageia

ゾウガメの餌となることでも有名なウチワサボテン。この黒褐色の肌をしたタイプはかつてシャボテン社の平尾博氏が所有していた系統。他に緑肌の系統もあるようだが、同一種かどうかは不明。

Ecuador : Galapagos Islands.
★★

Pickly pear cactus

オプンチア・マクロケントラ
Opuntia macrocentra

青白い肌に黒い長刺が映えるウチワサボテンで、テキサス、アリゾナ、ニューメキシコの各州に自生する。刺の長短などに個体差があるという。

USA : Texas ★★

プテロカクタス・チュベロサス
Pterocactus tuberosus

黒竜の名がある。肥大した根を観賞のために地上部に出すと地中部分だけが太る。古い茎は順次枯れ落ち、株元から再生する。

Argentina : Neuquén (Avenida Argentina /alt. 299 m)
JN 950 ★★

ペレスキオプシス・アクオサ
Pereskiopsis aquosa

（下2点）ウチワサボテンの仲間だが細い枝と大きな葉を持ち、普通の草花や樹木のように見える。ただし、鋭い刺があって触れるのは容易ではない。属名は「ペイレスキア属（＝木の葉サボテン属）に似た」という意味。（右）は実生苗で発芽3カ月ほどの苗。地際には大きな双葉が残っている。

Mexicó : Jalisco ★

Cactus

Pickly pear cactus

プナ・クラバリオイデス
Puna(=Maihueniopsis) clavarioides

自生地では砂礫に埋もれて育ち、太い根に養水分を蓄えている。環境が悪いと茎は枯れ落ちて地中に隠れる。日本名は茸ウチワ。

Argentina : (Ruta 39 kurz hinter Uspallata, 2087 m)
★★★

プナ・サブテラネア
Puna(=Maihueniopsis) subterranae

アルゼンチンやボリビアの標高2300〜3600mの高原に自生する。黄花系と赤花系がある。

Argentina : Jujuy
★★

テフロカクタス・アレキサンデリ・アルマタス
Tephrocactus alexanderi ssp. *armatus*

さまざまなタイプがあり生育環境でも姿は変わる。明暗城、蛮将殿などの日本名があるが対照は困難。写真は太刺タイプ。

Argentina : Catamarca (Termas de Fiambalá / alt. 1853 m)
KP 1245 ★★★

テフロカクタス・アレキサンデリ 'プノイデス'
Tephrocactus alexanderi 'Punoides'

アレキサンデリの刺が短いタイプで、一般には'ゲオメトリクス'として知られている。刺のつき方は系統差があり、栽培法でも変化する。

Argentina : Catamarca (Termas de Fiambalá / alt. 1860 m)
KFF 1238 ★★

Pickly pear cactus

テフロカクタス・アレキサンデリ
'サブスファエリクス'
Tephrocactus alexanderi
'Subsphaericus'

サブスファエリカスの名は1953年にバッケベルグが設定したもの。スファエリカス(T. sphaericus)そのものも地域変異が大きく、指先大のものから鶏卵大以上のものまである。概して長円形の茎節全体に細い刺をつけるものが多い。写真の株は刺の配列に多少違いがある以外、標準的なアレキサンデリとの区別は難しい。

Argentina : La Rioja (Estancia Mazán / alt. 1100 m)　KP 1251
★★★

テフロカクタス・アオラカンタス・イネルミス
Tephrocactus aoracanthus
f. *inermis*

「イネルミス」は刺の退化したタイプにつけられる。学名は90ページで後述するストロビフォルミスの異名なので、理屈の上では同じ「松毬ウチワ」の名をあてることになるが、実物はかなり異なる。基本種のアルティクラツスも様々なタイプ違いに学名がつけられ日本名も多くあるが、詳細な記録が少ないため実物との対照はきわめて難しい。

Argentina : La Rioja (Sañogasta)
JN 482　★★

テフロカクタス・アルティカルタス・パピラカンサス
Tephrocactus articulatus
var. *papyracanthus*

写真の株はアルゼンチンで採取された種子に由来する。学名は長刺武蔵野に該当するが、実際は在来の系統に比べると茎節が2倍以上の大きさがある。親株は20cmを超える刺ということなので、栽培下で再現できるか挑戦中である。

Argentina : La Rioja (Villa Mazán / alt. 600 m)　KP 1249　★★★

Pickly pear cactus

テフロカクタス・ボンニアエ
(=プナ・ボンニアエ)
Tephrocactus(=Puna) bonnieae

プナ・ボンニアエの名で知られる。花はクリーム〜淡いピンクの大輪で、休眠期の低温と乾燥で花着きが良くなる。地中に太い根がある。

Argentina : Catamarca (Rumi Ryan /alt.2900m)　★

テフロカクタス・アルティカルタス
Tephrocactus articulatus
(= *T. strobiliformis*)

刺が退化し、基本種に比べ茎節が細長く育つ。松毬ウチワという日本名は、休眠期に乾燥して縮む姿を見れば納得できる。

Argentina : La Rioja (West of Puerto Alegre)　DJF 331　★★

テフロカクタス・モリネンシス
Tephrocactus molinensis

ユーモラスな姿に思わず触れたくなるが、短毛状の刺は刺さりやすく危険。写真の白刺タイプのほかに赤刺タイプも知られている。蛸壺、妖鬼殿などの名がある。

Argentina : Salta (Las Torres/ alt. 1968m)　KP 1304　★★★

Leaf cactus
木の葉サボテン

マウフエニア・ポエッピギィ
Maihuenia poeppigii

芝生状に広がる姿は高山や寒冷地に適応したもので、性質は高山植物に近い。山野草に準じて栽培するとよい。この株の故郷のアントゥコ火山(2979m)は富士山に似て山頂は雪に覆われる。日本名は笛吹。

Chile : (Volcán Antuco, región del Bío-Bío/alt. 1410 m)　JA 540　★★★★

ペレスキア・アクレアータ
Pereskia aculeata

この仲間は普通の樹木と変わらない姿をしており、分類学上は'木の葉サボテン'と呼ばれるグループに含められる。本種は中南米の各国に広く自生し、いくつかのタイプが知られる。この個体はベネズエラ産で自家結実性がある。

Venezuela　★

サボテンの基本的な栽培法

【育て方のポイント】
- ◎ 太陽光は大好き。1日あたり6時間以上がめやす
- ◎ 暖かい季節の昼夜の温度差で生長促進。寒さと熱帯夜は苦手
- ◎ 温暖期はたっぷり灌水、一度乾かしてから次の灌水が基本
- ◎ 専用ハウスがなくても栽培可能。春〜秋はベランダ、冬は室内の窓辺へ

道具

用土の配合や植え替えに必要な道具
ふるいは大中小。土入れはステンレス製の中、小とプラスチック製の特大サイズが便利。深めの鉢受け皿は少量の培養土を混ぜたり、植え替え時の残土受けなど、使いみちが多いので複数揃えておくといい。竹製の箸も植え替えなどに重宝する。

日常管理、接ぎ木や挿し木、除草などに必要な道具
ピンセット：サボテンの抜きあげや、狭い隙間の除草には大型、交配や種子には小型を使う。
ハサミ：硬い刺を切るには剪定バサミがひとつ欲しい。
ナイフ：カッターナイフが便利。通常タイプのほか、厚刃、薄刃、刃先の尖ったクラフト用、実生接ぎ用にはカミソリを挟んで使うホルダーがあるとよい。

用土

培養土は水はけと保水が両立できれば何でもよく、いまは全国の園芸店で入手しやすい赤玉土を使うのが主流になっている。

上左から赤玉土（小粒）、ひゅうが土（軽石：小粒）、くん炭
下左から赤玉土（中粒）、鹿沼土（小粒）、有機質ペレット
混合割合の一例として、赤玉土5に対し軽石2、鹿沼土1、有機質ペレット1.5、炭0.5
場合によってはパーライトやバーミキュライトなどを加える。

小さいサボテンを植えるときは、用土のふるい分け作業は欠かせない。ふるいは1㎜、4.5㎜、9㎜があればいい。

日照について

サボテンは日光を好むが、鉢植えで楽しむようなサボテンのほとんどは、自生地では岩や灌木などのシェルターに守られて育っている。なのでサボテンがいくら太陽を好きだといっても真夏に長時間太陽の直射を受けるのはNGである。

また、レブチア属やロビビア属などアンデスの標高3000m前後の地域に生えているサボテンは、30℃を超えるような暑さは苦手なので、できるだけ涼しい場所に置きたい。ほかのサボテンも日本の熱帯夜は体力を消耗して弱るので、梅雨明けから9月半ばまでは30〜50%程度の遮光をしたほうがいいだろう。

例外的に低地に生える大型の柱サボテンや、フェロカクタスの仲間などは強烈な直射光にも耐えるので、本来の姿に育てるためには中苗以上は夏も遮光しない。

灌水について

基本的にサボテンは生長期に十分に灌水したほうがよく育つ。ただ水が多すぎると刺の発達が体の生長に追い付かず、間延びした姿になりがち。反対に少なすぎると生長が遅れ、いつまで経っても大きくならない。

あなたが大きくて立派なサボテンを育てたいのか、こぢんまりしていても特徴のよく現われたサボテンを育てたいのかによって育て方は変わる。ちょうどいい灌水量というのは難しいものだが、さいわいサボテンは我慢強く適応性もあるので、各自納得のいく方法を研究するといいだろう。

一応の目安としては、生長期は週に1回たっぷり、休眠期はまったくやらないか月に1回軽く湿らせる程度の灌水がよいでしょう。実生2年生以下の小苗の場合はもう少し回数を増やす。

冬越し、夏越しについて

サボテンは熱帯から亜熱帯にかけて生育する植物なので、基本的には寒さは苦手である。しかし種類によっては4500mを超える高山に育つなど適応力もあり、栽培法次第である程度は耐寒性を高めることができる。

種類によって生育適は異なりますが、おおよそ18℃から35℃の範囲で機嫌よく育つ。また、生育には昼夜の温度差が大切で、夜温が25℃を超える熱帯夜が続くと半休眠状態になる。

基本的には、夏は30%〜50%の遮光下に置いて涼しくしてやり、灌水も少し控える。冬は最低気温が10℃を割るようになったら寒さに弱いものから室内に取り込んだり、ハウス内の保温を始めよう。さらに5℃を下回れば灌水を中止する。春暖かくなっても最高25℃、最低10℃を超えるまでは灌水を控える。

栽培カレンダー

ベランダ等、開放栽培

ビニルハウス等、施設栽培

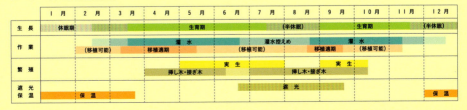

植え替え

植え替えの適期は春と秋が基本で、春は3月、秋は9月上旬の休眠から目覚める頃である。栽培設備がない場合は4月後半から5月がよい。この時期ならば、古い用土をすべて払い落とし、少々乱暴に根を切り詰めても大丈夫。若苗は年に1〜2回、成株は数年おきが目安。

① マミラリア・姫春星が鉢一杯になったので植え替える。鉢の周りを軽くたたき、群生株がバラバラにならないよう鉢からそっと抜く。

② 生育中なので鉢土は全部取らず、周囲から1/3ほど崩して長い根は切る。このとき病害虫に侵されていないかよく観察すること。

③ ひと回り大きな鉢に培養土を入れる。鉢底には大粒の培養土が入っている。このとき鉢底に緩効性肥料や浸透性の粒状殺虫剤を入れてもよい。

④ 根を整理した株を中央に置き、周りから培養土を入れる。隙間ができないよう箸などで突きながら行うとよい。

⑤ 8分目まで用土が入ったら表面をならし、仕上げに1cmほど砂利を敷き詰める。

⑥ ラベルを立てて完成。生育中で根の切り口が3mm以下なので、すぐに十分灌水して土を落ち着かせる。普通は1週間後に灌水する。

挿し木

サボテンの増やし方で一番簡単な方法が挿し木。種類によっては発根しづらいものもあるが、普通に市販される強健種なら難しいものではない。子株が出ている場合はとくに簡単で、親との境目あたりから刃物で切り離し、そのまま培養土に植えればよく、生長期ならほぼいつでも可能。丈高く育ったサボテンを整形するために行う場合は、切り口を十分乾かしてから清潔な用土に置くようにする。切り口が大きいほど雑菌が入って腐敗する確率が高くなる。適期は空気が乾燥する2、3月や乾燥の早い5、7、8月である。

① ロフォフォラ・烏羽玉の子株を切り離して増やす。本種は高温性なので7、8月が適期。

② 切り口は中央が凹むので周囲を斜めに切り取る。

③ 切り口に殺菌剤と発根促進剤を混ぜたものを塗り付ける。

④ 親株の切り口には殺菌剤を塗っておく。

⑤ 切り口を十分乾かし、培養土の上に2cmほど赤玉土の細粒を入れた鉢に子苗を置く。傷口を傷めないよう丁寧に扱うこと。

⑥ 発根するまでの約1カ月間、半日陰に置くかティッシュペーパーを2枚ほど被せておく。ときどき様子を見て軽く灌水する。

タネまき

サボテンを一度にたくさん増やす方法がタネまき。珍しい種類を入手する手段としても有効。ここで紹介する『自生地風手抜きタネまき法』は親株の根元で元気に育つ実生苗にヒントを得た。ポイントは播いたタネを小砂利で覆い、その代わり苗床を密閉したり水びたしにしない。発芽する前から適度な乾燥と灌水を繰り返し、幼苗期から風や日光にも当てて健康な苗を育てる。一見スパルタ式だが、自然の理にはかなっているので、初夏に播いたタネも冬までには乾燥に耐える丈夫な苗に育つ。適期は設備がなくても十分気温が上がる6月下旬〜8月上旬で、ハウスや加温設備があれば一年中できる。目安は日中30±5℃、夜間18±5℃。

① 熟すと乾いて自然に割れてくるタイプの果実は、種子をこぼさないよう割れた果実をそっと取り外す。

② ピンセットなどで乾いた種子をかき出す。このとき余分な異物（果肉、未熟な種子など）はできる限り取り除く。

③ ゼリー状の果肉があるタイプの果実は、目の細かい茶こしに移し、指先でつぶす。①の果実も乾いていなければ同様にする。

④ 種子についている果肉をもみほぐしながら、ぬめりがなくなるまで指先で丁寧に洗う。洗浄後は紙の上で乾かし異物を取り除く。

⑤ 鉢に通常の培養土を入れ、表面1cmほど「タネまき用の土（市販のもの）」を敷いてタネをばらまく。深さ5〜6cmの鉢を使うのがポイント。

⑥ その上に熱帯魚の水槽などに入れる砂利、もしくは3〜5mmに粒を揃えた粗砂を培養土が隠れる程度に被せる。

⑦ ホーマイ、ベンレートなどの殺菌剤を含んだ水を鉢底から吸わせ、用土に十分に水分を含ませる。

⑧ 置き場は朝の数時間日が当たる場所で様子を見ながら加減する。水やりは草花同様、乾き始めたら目の細かいジョウロで頭からかける。

⑨ 数日で発芽を始め、半年もすれば特徴が表れてくる。植え替えは1〜2年後、苗同士がくっついて窮屈になってからでよい。

接ぎ木

サボテンの接ぎ木は庭木や果樹より単純で、季節もあまり選ばない。生長が早すぎて不自然に育つ欠点もあるが、ある程度は栽培法でカバーできる。貴重な苗の繁殖や病害からの救済のため覚えておくと便利なテクニックである。

使われる台木の種類は柱サボテンやウチワサボテンの一種、木の葉サボテンが使われる。生長が早くていろいろな種類のサボテンと相性がよいのが第一条件で、刺が短くて扱いやすい台木が好まれる。汎用性の高い台木として定評があるのは、ミルティロカクタス属の竜神木、エリオセレウス（エキノプシス）属の袖ヶ浦などである。

接ぎ木を成功させるポイントは4つ。①充実した台木を使い、②鋭利な刃物で切り口を平滑に切り、③接ぎ穂と台木の維管束を合わせ、④活着するまで潰れない程度の圧力をかけ続けることである。ここでは竜神木を使った例を紹介する。

① 台木の先端から2〜3cm下を水平に切る。台木の種類にもよるが、刺が邪魔になるときは事前に取り除いておくと作業しやすい。

② 台木の周りの稜を斜めに切り落とす。これは後で台木の中央が凹むので、それによって穂木が外れないようにするため。

③ ナイフをよく切れる薄刃のものに替え、台木の接着面を一気に水平に切りなおす。切片は穂木を乗せる直前まで切り口に乗せておくといい。

④ 台木の大きさに見合った親指大の子株を接ぎ穂に選び、先の尖ったクラフトナイフで付け根から切り離す。

⑤ 接ぎ穂の刺は邪魔にならないよう剪定バサミで根元から切り捨て、あらためて接着面を薄刃のナイフで平滑に切りなおす。

⑥ 白く見える円形の維管束が互いに重なるよう、穂と台木を合わせる。隙間ができるようなら再度切りなおすこと。

⑦ 伸縮包帯を7〜8cmに切り、接ぎ穂の上から包み込むように台木に固定する。その後は直射光を避けて風通しのよい場所に置く。

⑧ 10日ほどして傷口が固まれば包帯を外す。刺に引っ掛けないよう慎重に。2〜4週間で穂木の生長が始まれば成功。

特殊な接ぎ木：実生接ぎ

発芽したばかりの実生苗を台木のごく若い部分に接ぎ木する方法で、実生2～3年で開花株になることも珍しくない。台木はヒロケレウス（三角柱）、ペレスキオプシス（キリンウチワ）など。本書に掲載したほとんどはこの方法で育成した。

① 台木の先端から約5mm下を、カミソリの刃をホルダーに挟んだナイフを使って水平に切る。台木の葉をつまんで、一息で切るのが平滑に切るコツ。

② 用土を落として綺麗にした実生苗を横にしてつまみ、芽から2/3ほどのところで切る。刃を当てると同時にわずかに引き、最後は指の腹で受け止めるつもりで。

③ 平滑に切れたときは穂がカミソリの刃に吸い付いているので、そのまま台木の上へ移動し切断面の中央に乗せる。ピンセットを使って滑らせるといい。

④ 接ぎ木後は湿度90％以上の風の当たらない明るい日陰に一昼夜置く。その後は徐々に外気に慣らしてやる。1週間を過ぎる頃には台木の芽が出始めるので、見つけ次第取り除く。

接ぎ下ろし

接ぎ木したサボテンを台木から切り離して再発根させることを接ぎ下ろしという。台木を完全に取り除く場合と、台木を短く残す場合（台つき下ろし）がある。以下はヒロケレウス（三角柱）に実生接ぎしたエキノカクタス（太平丸）を台つき下ろしにする例。適期は6～9月。

① 台木を3cmほどつけて、剪定バサミで切り離す。

② 台木の維管束の切り口を滑らかにするため、新しいカッターナイフの刃で切りなおす。

③ 左右の手でそれぞれ穂木と台木を掴み、ねじるように回して台木の肉と維管束をはがす。穂木に台木の維管束をつけたまま抜き取る。

④ 台木の維管束や穂木の切り口に殺菌剤と発根剤を混ぜたものを塗り付ける。とくに乾かす必要はない。

⑤ 大きさに合った鉢に通常の培養土を入れ、表面に赤玉土の細粒を1cm入れてサボテンを挿して灌水する。適期なら10日ほどで発根する。

＊数年後に台木の根に代わって接ぎ穂自身の根が出ることもある。

病害虫、生理障害

サボテンは経済作物としての重要度が低いことから、病害虫の研究はあまり進んでおらず、ほとんどは一般の草花、花木などの病害虫と共通する部分しかわかっていない。とはいえ、農業病害虫の研究は日進月歩で、有効な防除法は農作物の栽培技術から応用できるものが少なくない。ただし、農薬使用は法的規制が厳しくなっているので、薬剤の利用に当たっては用法、用量などに十分留意する必要がある。

害虫

ダニ類

ダニは節足動物ではあるが昆虫の仲間ではなくクモに近いグループである。
植物に害をなすダニの仲間としてはハダニが代表的で、表皮にとりついて汁を吸い、その部分を白化させる。繁殖スピードが猛烈に早く、半月ほどで数千～数万匹に増殖してサボテン全体を白褐色に変色させてしまう。おもにロフォフォラ属などの肌が軟らかいサボテンに好んで寄生する。大発生すると細い糸を出し、寄生する植物の表面を覆う習性があり、肉眼でも確認できる。

ロフォフォラ（ディフィーサ）の肌に残るハダニの被害跡。

ハダニのほかにホコリダニやサビダニ（フシダニ）の仲間も有害で、どちらも体長0.2mmほどしかないので肉眼では見えない。
前者は生長点付近の隙間に潜り込んで汁を吸い新生部をサメ肌状に変色させ、壊疽を起こしてサボテンの生長を止める。後者は細長いウジ虫のような姿で、表皮をサビたように褐変させたり、凹凸のある虫こぶ（フシ）をつくる。これらの症状が現れたら早めにダニ用の農薬を散布して対処する。
ただしダニ類は薬剤抵抗性ができやすいので、原則として予防散布は行わず、数種類の薬剤を組み合わせてローテーションを組んで使用するのが大切である。

アザミウマ

アザミウマも種類が多いが、問題となるのはミナミキイロアザミウマとミカンキイロアザミウマである。サボテンの生長点付近に潜り込み、表皮にキズをつけて汁を吸うため生長につれて傷跡が現れる。発生数が少なければ軽くケロイド状になる程度で済むが、数が増えるにつれて激しく萎縮変形し生長が止まる。
外見上、後述のウィルス病（100ページ）による奇形化や南米病に症状が似ているので、混同されることもある。野菜ではウィルスを媒介する例もある。高温期は15～20日で卵が成虫になり、一世代が150～300倍になる。薬剤で防除する際はサナギが土中に隠れているので日をあけて2回以上散布すること。

アブラムシ

球形サボテンではほとんど被害を受けないが、ウチワサボテンの若い新芽には好んで寄生し、生育を妨げる。普段は雌だけで無性繁殖し、短期間に大量発生する。ウィルス病を媒介するのは、おもに羽根を持った有翅成虫で、飛び回る春と秋がとくに危険。浸透性の殺虫剤が有効。アリがアブラムシをくわえて運び、寄生範囲を広げる場合もある。

ヨトウムシ類

夜盗虫の呼び名のとおり、夜間に活動する。年数回の発生期があるが夏から秋にかけてとくに被害が多い。ヨトウムシは単独で行動するが近縁種のハスモンヨトウは1カ所あたり数十個の卵を産むため、若齢期は集団で加害する。食物がなくなると一斉に移動する性質があり、ハウス周りの雑草を生えたままにしていると、寒くなる頃に急にヨトウムシ類が侵入してきて害を受けることもある。

オオタバコガ

近年、アリオカルプス属などで被害が目立つようになった害虫。柔らかい蕾に卵を産みつけ、孵化した幼虫は花の芯から生長点の奥深くを食害する。食害されてもしばらくは外見上異常がなく、いきなり頂部から体液を吹き出すように腐死する。幼虫は次々と移動するため、異変に気づく頃には複数の株に被害が広がっていることが多く、当初は悪性の伝染病が疑われた。
幼虫は若齢期でないと薬剤が効かないため、早期発見に努めることが大切。アリオカルプスの被害が多いのは、出蕾時期と雌成虫の産卵時期が重なることがおもな理由と考えられる。9月から10月にかけての殺虫剤の予防散布が有効である。

コオロギ、バッタ類、ゴキブリなど

コオロギ、バッタ類は草食性だがサボテンを食害する例は少なく、おもに軟弱に育った苗や多肉植物が被害を受ける。ゴキブリは雑食性で、サボテンの花や果実を好んで食べ、ついでに球体までかじる。通常の殺虫剤散布ではあまり効果がなく、コオロギにはデナポンベイトなどの毒餌、ゴキブリにはホウ酸団子が有効で被害を減らすことができる。

ナメクジ

実生苗や、若い苗の柔らかい部分を食害する。とくに梅雨時や秋の雨が多い季節に被害を受けやすい。夜間に活動し、昼間は鉢底や棚下などの暗く湿った場所に潜んでいる。姿は見えなくても、ナメクジの這った跡は粘液が乾いて光るので見つけられる。銅イオンを嫌うので、栽培棚の脚部分に銅の薄板を巻きつけておくと這い上がり防止に役立つ。とくに被害を受けやすい実生苗は、銅線で囲った中に鉢を置くとある程度は予防できる。専用のナメクジ駆除薬で退治する。

アリ

害虫ではないが、アブラムシやカイガラムシ（とくにコナカイガラムシとネコナカイガラムシ）、土粒などを他所から運んできたり、果実からタネを盗んでいくなど、間接的な被害を与える。少なくともハウス内にアリの巣を見つけた場合は早々に駆除することをお勧めする。

カイガラムシ

表皮にとりついて樹液を吸い、サボテンを弱らせる。種類が多く、白や褐色のワックス状の殻を持つものが一般的。成虫になると足を失って移動できなくなる種類が大半だが、終生動き回るものもいる。

形状によってマルカイガラムシ（上写真）、カタカイガラムシ、ロウムシ（以上、固着性）、フクロカイガラムシ、コナカイガラムシ（以上、移動性）類などに分けられる。

殻をかぶった成虫は薬剤が効きにくいので、対策はピンセットや古歯ブラシなどでできるだけ虫を取り除いたのち、カイガラムシ類に有効な薬剤を散布する。種類により年数回幼虫が発生するので、その時期を狙っての薬剤散布が効果的。

なお近年、生長点付近に潜り込んで黄化や壊疽を起こすカイガラムシが増加傾向で、重症化するまで気づきにくく問題になっている。

エキノカクタス（綾波）に寄生したマルカイガラムシ。

ネジラミ（ネコナカイガラムシ）

土中で生活し根に寄生するカイガラムシの一種。粉状の分泌物に覆われ、鉢から鉢へと広がる。植え替え時に独特の甘い匂いがあり、根が小麦粉をまぶしたようになっていれば要注意。根に2mmほどの白い虫が貼りついている。

定期的な植え替えや生長期の灌水が十分であれば被害は少ないが、乾燥ぎみの管理では大量発生してサボテンを弱らせる。見つけ次第根を殺虫剤に浸し、古土は廃棄、鉢も熱湯をかけて消毒する。アリと共生関係にある場合もある。

センチュウ（ネマトーダ）

土中に生息するごく小さなミミズ状の動物で、サボテンの根に入り込んで体液を吸って弱らせる。おもな種類としては根に5～10mmほどの丸いコブをつくるネコブセンチュウ、寄生した根を腐らせるネグサレセンチュウがいる。

ふだん目にしない土の中で繁殖するので、植え替え時に気づくことが多い。培養土に庭や畑の土を混ぜたり、庭の土の上に鉢を直接置いていると寄生されることがある。対処法は不用意に庭土を使わないことで、被害に気づいたら寄生された根を切り捨て、新しい培養土で植え替える。古い鉢はよく洗って熱湯消毒してから使うといい。

病気

スス病

刺や表皮が黒色すす状のカビで覆われ、美観が著しく損なわれる。原因はカイガラムシ類などの排泄物を栄養源にする黒カビで、おもに梅雨時や秋の長雨時期に発生する。また、フェロカクタス属など一部の種類では、刺座から自然に蜜を出し黒カビが発生する。原因菌は特定されておらず、一般花木では属の異なる複数の菌種が認められている。特効薬はなく、薬剤

での防除は発生源のカイガラムシ類の駆除のみ。一般的な殺菌剤では抑制程度の効果しかない。
なお、フェロカクタス属の栽培では1日のうち数時間を高温(50℃〜)にして滅菌するのが有効といわれているが、熟練しないと生長に悪影響を及ぼす。一般的には消毒用アルコールや多量の水と歯ブラシで洗い流すなどの対策がとられている。

ススホ病で刺と刺座の汚れたフェロカクタス(金冠竜)。

タンソ病（別名：黒腐れ病）

サボテンの側面や地際付近から黒く変色して腐敗する。黒腐れ病などと呼ばれる。球形ウチワサボテンや柱サボテンの細いタイプのものがかかり易い。発病部はサボテンの種類によってまちまちだが、おもに刺座の周りから発症する。カビの一種で体内の維管束に沿って移動し、軟弱に育った場所から発病する傾向がある。一度この病気にかかると、薬剤で病原菌を殺すことは難しく、健全な部分だけ切り離して発根させるなどの外科的処置が必要。菌は刺座にある蜜腺や生長点に近い軟らかい部分から侵入し、硬くなった表皮からは侵入できない。

クムロブンチアの一種に表われたタンソ病の病斑。

フザリウム菌（別名：立ち枯れ病、赤腐れ病）

病原菌は土中に潜みおもに根から侵入する。維管束（水や養分の通り道）が赤褐色に変色して働かなくなり、慢性的な生育不良を起こす。次第に衰弱していく場合と急に腐敗が進む場合がある。患部の切り口や維管束が赤いので赤腐れ病と呼ばれる。実生苗では地際に赤い凹みができて枯れる。なお、幼苗期の立ち枯れ病にはピシウム菌、リゾクトニア菌などが原因の場合もある。

対策は、生育の悪い株を抜きあげて根の断面を確認し、赤い病斑があればなくなるまで根を切り詰める、もしくは健全部を挿し木、接ぎ木する。実生苗は殺菌剤を薄めて定期的に散布する。

フザリウム菌で一部が腐敗したマミラリア(テレサエ)。

リゾプス菌（別名：クモノスカビ病）

発芽したばかりの実生苗に発生し、侵された苗は半透明になって溶けるように腐敗する。周囲には灰色の菌糸が急速に広がって数日で一鉢が全滅する。
病原菌はリゾプスというカビの一種で、サツマイモなどの軟腐病を引き起こす。その場合はアルコールのような芳香を伴う。
30〜40℃と高温を好み、実生苗を極端な高温下に置くと発生しやすい。いったん発病すると薬は効かないので、速やかに隔離して黒い胞子を出す前に廃棄すること。

ウィルス病

通常の病原菌とは異なり、宿主の細胞内の遺伝子に働きかけて増殖する。植物に病変を引き起こす病原性ウィルスと、感染しても症状のないほぼ無害なウィルスがある。病原性ウィルスにはサボテンXウィルスやウチワサボテンサモンズウィルスが見つかっているが、そのほかタバコモザイクウィルスなど広範囲の植物に病原性を持つウィルスはたくさんあって、サボテンのウィルス病には未解明な部分も多い。
罹患したサボテンは生育が鈍くなり、肌に淡黄緑色の不規則な模様（モザイク模様）が現れ、重度になると奇形化して正常に育たなくなる。なお、サボテンの種類によるウィルス感受性の強弱、生育環境の改善で植物の活性が高まるなど、様々な理由でウィルスが抑えられて症状が消えることはあるが、完治したわけではない。実生苗では種皮や果肉に潜んでいたウィルスに感染する例もあり、実生苗だからといって100%安全とはかぎらない。
接ぎ木や胴切り時の刃物から汁液感染することは確実で、アブラムシやアザミウマなど吸汁性害虫やネマトーダも媒介する。対策は害虫の駆除と、疑わしい植物を扱った刃物は炎であぶるか、第三リン酸ソーダもしくは次亜塩素酸溶液に漬けて消毒する。発症した植物

は焼却処分する。通常の殺菌剤や消毒用アルコールは効果がない。

アストロフィツム（般若）に表われたモザイク症状。

生理障害

身割れ

生育の良い苗にしばしば見られる現象で、球体の片側にパックリと割れ目ができる。休眠から目覚めた苗が一気に水を吸い上げ、急生長し始めたときなどに起こる。通常、傷口から腐るようなことはないが、それ以上ひどくならないよう、ひと月ほど灌水を控えめにする。ほとんどの場合、1年後には傷跡が下に隠れてわからなくなる。

身割れをおこしたロフォフォラ（銀冠玉）の苗。

南米病（仮称）

生長点付近の表皮が褐色になってサボテンの生長が止まる。たいていは枯れずに再度芽を吹くが、しばらくすると再発することもある。低温期には発生せず、盛んに生長する季節に起こりやすい。原因ははっきりせず、南米産のサボテンでよく見られる症状なので「南米病」と呼ばれる。

南米病から回復しつつあるギムノカリキウム（天平丸）。

微量要素のホウ素の欠乏症ともいわれるが、酸性用土やホウ素を補っても発生する事例もあり、とくに高地産のサボテンに頻発することから、一種の高温による生理障害との見方もある。加えて98ページのサビダニやホコリダニ、アザミウマなどの被害と混同されている可能性がある。

日焼け

急激な高温と乾燥が重なるなど、環境の変化にサボテンが対応できないときに起こる急性の脱水症。日光が当たる側の表皮が白っぽくなり、軽く皺が寄る。軽度の場合は翌朝までには回復するが、重症化すると火傷したような白い跡が残る。

おもに高温期に発生しやすく、植え替え後に根の活動が鈍っていたり、急にハウスから屋外に出すかその逆にハウス内に取り込むなどしたときに起こる。予防法はティッシュペーパーや新聞紙をかけて日除けし、徐々に環境に慣らすこと。いったんケロイド化すると元には戻らないが、発症直後なら日陰に移して繰り返し霧をかけ、温度を下げて水分を補うと軽微で済み、治ることもある。

日焼けのあとが残るエキノカクタス（金鯱の若苗）。

老化

サボテンの表皮が下のほうから緑色を失い、褐色に変色する。柱サボテンでは硬く木質化する場合もある。元気のないサボテンでは褐変部が半ばにまで達するが、健康で活力旺盛なサボテンでは下方に隠れてほとんど目立たない。自然の生理現象なので防止することは難しいが、定期的に植え替え、新陳代謝を活発にすることである程度進行を止めることができる。丈夫な種類では、若い部分だけ切り離して挿し木発根させることもある。

老化症状が目立つパロディア（青王丸）。

サボテンの刺
CACTUS SPINES

サボテンといえば丸々と太った体に針山状の刺、そしてイカツイ外見に似合わぬ可憐な花……そんなイメージを持つ方が多いだろう。人によってはハニワのような枝振りの柱サボテンを思い浮かべるかもしれない。最近はどちらかというと刺のないサボテンに人気が集まっているようだが、サボテンを最もサボテンらしくしているアイテムといえばやはり「刺」である。刺なくしてはサボテンを語ることはできない。ここではサボテンの刺について、少し詳しく掘り下げてみよう。

刺の起源

サボテンの刺は「葉」の変形したものとされる。ウチワサボテンの多くは若い芽に小さな葉の痕跡が見られ、茎節が成熟すると落葉する性質がある（上段：キリンドロプンチア）。

サボテンの仲間は全て「刺座」という特殊な器官があって、刺はそこから生える。刺座は枝が極端に短縮して変形してできた短枝の一種で、フェルト状の毛に覆われており花芽もそこにつく。しかしマミラリア属など例外的に刺と花を別々の刺座につける種類もある。

ひとつの刺座からは形の異なる刺が規則正しく並んでおり、典型的なサボテンは幾本かの太い刺が中央にあって細い刺が周りを囲むように生えている（下段）。こうした形の異なる刺を中刺、縁刺と呼んで区別する習慣があって、種類によっては中刺がないものや逆に中刺だけのもの、縁刺に加えて毛髪状の細刺があるものなど、多種多様なパターンがある。また、刺のつき方には種類ごとに一定の規則性があり、その整然とした規則正しさがサボテンの美しさを引き立てているのは間違いないだろう（中段：マミラリア）。

中刺　縁刺　刺座

サボテンに刺のある理由

どうしてサボテンに刺があるのか、その理由はよくわかっていない。しかし刺があることでサボテンが独自に進化し、生育範囲を広げてきたことは間違いない。サボテンの刺は単なるアクセサリーや、我々人間の目を楽しませるためにつけているわけではない。

水の乏しい乾燥地では、水分を多量に含んだサボテンはいろいろな生き物に狙われる。サボテンの刺は外敵を防いだり目を欺く役割もあるが、そのほかにも日除け、集水、移動（繁殖）に役立っていると考えられる。

① 外敵から身を守る

ハリネズミのような刺で完全武装したエキノカクタス（左）と、網目状の刺で肌を覆うエキノケレウス（右）。後者はまるで忍者の鎖かたびらのようで、触れても痛くはないがナイフで切るのは苦労する。

② 日射しや乾燥を和らげ、外敵の目をくらます

平たいリボン状の刺は日射しを遮るスダレの役割を果たすほか、ときには枯草に擬態して外敵から身を隠すのにも役立つ。写真は南米産の球状ウチワサボテン：マウフェニオプシス（左）と北米産のステノカクタス（右）。

サボテンの棘
CACTUS SPINES

③ 水を集めて自分に灌水する

縦長の疣と虫を思わせる刺（左：ペレキフォラ）、あるいはキノコの頭にガラスを散りばめたような刺（中央：マミラリア）。自生地では体を砂礫や岩の隙間に隠し、頭だけ覗かせている。刺についた水滴は下方に集まり、肌を伝って根元に吸い込まれる。不思議な形ではあるが、夜露を集めるには都合の良い構造になっている。また、オレオケレウス（右）やエスポストアなどの白毛状の刺は、風で流れてくる霧を捕まえて根元に落とし、水を確保するのに役立っている。

④ 動物などにくっついて移動し子孫を殖やす

キリンドロプンチア（左）は刺に「かえし」があって刺さると抜けにくく、茎節が簡単に外れて動物などにくっついて移動する。マミラリアの一種（右）は刺先がフック状になってはずれ難くなっている。

刺の少ないサボテン、ないサボテン

サボテンの種類によっては刺の少ないもの（左：コピアポア）や全くないもの（中央：アストロフィツム）がある。こうしたサボテンの多くは厚い表皮を持ち、肉質も固く締まったものが多い。ロフォフォラ属のように軟らかい種類は、体内に有毒なアルカロイドを含んでいる。トゲのないサボテンでも実生1〜2年の幼苗期（右：アリオカルプス）は刺をつけるものがほとんどで、先祖は刺があったことをうかがわせる。

サボテンの園芸品種
CACTI GARDENING VARIETY

**ガラパゴス化が生んだ
日本の園芸品種**

1980年のワシントン条約の発効で新規のサボテンの輸入が難しくなり、日本のマニアは一種の鎖国状態に陥る。分類法をはじめとする新しい情報への関心を失うとともに、栽培至上主義が台頭し、幅広く収集するコレクターよりも少品種つくり込みを得意とする栽培名人がサボテン園芸の中心となる。マニアの間では、体が大きく、刺は太く・長く、捻じれた'芸'のあるサボテンがもてはやされ、90年代以降、十分な栽培設備を持たない多くの趣味家はサボテンから離れていった。

このようなガラパゴス的鎖国状態の中で活躍したのが、いわゆる「草の根的育種家」たちで、彼らによって日本のサボテンは世界に例のないような園芸品種を生み出すことになる。

たとえば日本人マニアの「カブト好き」には定評があり、ハウスの大半をカブトだけで占める趣味家も少なくない。品種名に人名をつける習慣も生まれ、80年代後期から2000年代にかけて各地の栽培名人の苗字を冠した「○×兜」が多く作出された。世界共通名になったアストロフィツム'スーパーカブト'もこの時代の産物である。ほかにも国内で生じた突然変異を固定化した「恩塚ランポー玉＝'Onzuka'」、ロフォフォラ属の「疣銀冠玉、通称イボギン」、ギムノカリキウム属の「摩天竜'Matenryu'」などアジア各国での人気種も生まれている。

アストロフィツム　'兜'
Astrophytum 'Kabuto'

アストロフィツム・アステリアスをもとに複雑な交配により生まれた園芸品種群。とくに大きな白点のものをスーパーカブトと呼び、海外でも'Super Kabuto'の名称で親しまれる。他にも白点の大小、粗密、付き方などの様々なタイプがある。写真はひとつの果実から色々なタイプが出てくるスーパーカブト系の園芸品種。

サボテンの園芸品種
CACTI GARDENING VARIETY

アストロフィツム'ミラクル兜'
Astrophytum 'Miracle Kabuto'

'和紙をちぎって貼りつけた'ようは白点をつける特殊なタイプで、1株の野生個体が起源。ある程度の大きさに育たないと特徴が現われないので、スーパーカブトほど普及していない。ミラクルカブトの白点は劣性遺伝といわれている。

アストロフィツム'恩塚鸞鳳玉'交配選抜
Astrophytum myriostigma 'Onzuka'

白点が点線状となって複雑な唐草模様を描く突然変異系統。岡山の故恩塚勉氏が栽培株の中から見出したことから、恩塚鸞鳳玉と呼ばれる。実生からの出現率は半分程度。より大型化を目指して育種が進められている。

ロフォフォラ'銀冠玉'(選抜系)
Lophophora fricii 'Ginkan-gyoku'

ロフォフォラ・フリキィ：日本名＝銀冠玉は白肌に濃桃色花が特徴といわれる。隣国では稜がこぶ状で大柄な系統が'疣銀冠'の名で珍重され、人気を呼んでいる。

ギムノカリキウム'摩天竜'交配選抜
Gymnocalycium 'Matenryu'

ギムノカリキウム・マザネンセ(魔天竜)をもとに刺の太くて荒々しい品種群が育成された。複数の種間交配と見られる。写真は五十鈴園発表の'守金魔天竜'をベースにした筆者育成苗。

斑入りサボテン

日本人は変わりものを珍重する。斑入りはその最たるもので熱心なマニアがいる。特別な親から種子を採り、大量に播いた実生苗から数パーセントの斑入り苗を選び出す。斑入りサボテンはアジア圏でも人気で、種類によっては高価に取引される。しかし欧米では「病的だ」と評価は低く、'緋牡丹'などの単色の斑入りサボテンが出回る程度である。

世界共通の興味を引く綴化と石化

サボテンの生長点が突然変異を起こして線状に広がって扇型に育つ現象を'綴化(てっか)'、生長点が不規則に分裂してゴツゴツした岩石状に育つ現象を'石化(せっか)'と呼ぶ。欧米では前者をクリスタータ、後者をモンストローサと称し、洋の東西を問わず一部のマニアの興味を引いている。

ユーベルマニア・ペクチニフェラ'錦'
Uebelmannia pectinifera 'Variegata'

本種は暗褐色の地肌に黄斑が入り、低温期は鮮やかなオレンジ色に染まって華やかに変化する。
基本的には実生で増やすのだが、バランスよく斑のはいる個体は文字通り万に一つ。

写真上:ロビビア属の実生苗から偶然生まれた綴化株。写真下左:テロカクタス獅子頭の古い輸入綴化株を切り分けて増やしたもの。写真下右:細ひも状の柱サボテンが石化したもので'残雪の峰'とよばれる。綴化や石化したサボテンは切り分けて挿し木や接ぎ木で増やす。

複雑なサボテンの園芸品種名

サボテンには特徴のある「品種」が生まれた場合、元の呼び名の前に特徴を付け加えて品種名にする習慣がある。これは江戸時代に流行した古典園芸植物の「変化朝顔」にも見られる命名法である。

例を挙げると、アストロフィツム属の鸞鳳玉では肌の白点がないタイプを碧瑠璃(へきるり)と表現し、「碧瑠璃鸞鳳玉(へきるりらんぽうぎょく)」と呼ぶ。これが三稜、四稜になると「三角碧瑠璃鸞鳳玉」「四角碧瑠璃鸞鳳玉」と長くなる。四稜タイプは「碧方玉(へきほうぎょく)」と短い名もあるが、略されて「三角ヘキラン」「四角ヘキラン」と表記される。肋骨状の凹凸が現れる園芸品種は「ロッコツタイプ」と称し「肋骨鸞鳳玉」「肋骨碧瑠璃鸞鳳玉」と表記すべきところを「ロッコツランポー」「ロッコツヘキラン」などと省略表記する。さらに「紅葉」という特殊な斑入り品種は「紅葉肋骨碧瑠璃鸞鳳玉」だが、実際には「ロッコツ紅葉ヘキラン」と略される。これらは特徴がわかる例だが、オークションなどで差別化をはかるために「新品種名」をつけたり、学名のカナ表記の省略や書き間違えて原名がわからなくなった例もあるなど、品種名の混乱は後を絶たない。

園芸サボテンの抱える課題

サボテンの園芸品種には遺伝的に安定したものが少ないのは、マニアの間ではよく知られた事実である。実生して親と同じものが出る確率が半分以下というのも珍しくない。もちろん挿し木や接ぎ木で増やしたクローンならば同一品種としてかまわないが、実生苗は親と同じようなものを選抜する作業が欠かせないのだ。しかし人気品種ほど、選抜前や半端な実生苗が親品種の名前で流通しているのが現状である。

また、近親交配で奇形化や小型化が起こりやすい状況も生まれている。情報や流通網が発達し、人気品種がすぐ全国に広まる便利さが、知らないうちに兄妹株の出会う確率を高めているのだ。受粉しても種子が少ないとか、生えた苗が虚弱で育たない場合は、近親交配の可能性が疑われる。

さらに、育種家たちの高齢化と親株の海外流出は憂慮すべき事態で、タイや中国を筆頭にアジア圏の営業家の猛烈な追い上げにさらされている。かつてのような大量の輸入野生株からの遺伝子供給が見込めないいま、「サボテン育種大国ニッポン」の将来は安泰とは言い難い。そろそろ原点に返り、生き残っている輸入株の見直しや、野生の遺伝子を持つ種子の再導入も考える時期だろう。

サボテンの呼び名について
NAME of CACTUS

サボテンの名前には、金鯱(きんしゃち)、兜(かぶと)、鯱頭(しゃちがしら)などという普段あまりなじみのない園芸名が多く、初心者を困惑させる。鸞鳳玉(らんぽうぎょく)、吼熊玉(こうゆうぎょく)など、常用漢字にはない文字や読みのわかりづらいものも少なくないし、「紅葉肋骨碧瑠璃鸞鳳玉(こうようろっこつへきるりらんぽうぎょく)」にいたっては殆んど呪文である。こうした和名、園芸品種名はいったいどのようにつけられたのだろう。

写真は鸞鳳玉、いまではランポー玉と表記されることが多い。

サボテンの和名

サボテンの渡来は江戸時代にさかのぼるが、多くの種類が導入され出したのは明治期以降のことである。当時の高級園芸植物といえばオモト(万年青)やフウラン(富貴蘭)、マツバランなど古典園芸植物と呼ばれるグループで、これらの品種には漢文、吉兆、故事にちなむ美辞麗句を使うのが習慣になっていた。営業家は珍奇な姿をしたサボテンを、富裕層の園芸趣味として定着させるために、知恵を絞って相応の日本名をつけて販売したのがその起源とされる。

バイヤーたちの思惑は日本名の混乱という弊害を

サボテン属名・日本名対照表		例
ペレスキア属 Pereskia	○○キリン	杢キリン、梅キリン、大葉キリン
オプンチア属 Opuntia	○○扇	大王団扇、単刺団扇、白桃扇、金武扇
アリオカルプス属 Ariocarpus	○○牡丹	岩牡丹、花牡丹、三角牡丹、竜角牡丹、黒牡丹、亀甲牡丹
アストロフィツム属 Astrophytum	○鳳玉	瑞鳳玉、大鳳玉、群鳳玉、雄鳳玉
ツルビニカルプス属 Turbinicarpus	○城丸	長城丸、牙城丸、蕉城丸、烏城丸
パロディア属 Parodia	○繍玉	緋繍玉、錦繍玉、麗繍玉、紅繍玉
メロカクタス属 Melocactus	○雲	涼雲、巻雲、錦雲、層雲、朱雲、赫雲
エスポストア属 Espostoa	○○楽	老楽、幻楽、銀賀楽
マツカナ属 Matucana	○仙玉	白仙玉、奇仙玉、華仙玉、黄仙玉
オレオケレウス属 Oreocereus	○○錦	白雲錦、ライオン錦、聖雲錦
オロヤ属 Oroya	○髯玉	美髯玉、麗髯玉、久髯玉
レブチア属 Rebutia	○宝丸	銀宝丸、錦宝丸、緋宝丸
フライレア属 Frailea	○の子	豹の子、貂の子、虎の子、狸の子

昭和8年に大阪の光兆園が発行した「シャボテンノ研究」

会員向けの機関誌で、記事の内容は当時人気のあったアストロフィツム属の特集号があったり、「シャボテン科の分類」として最新のブリットン＆ローズ両博士の分類法を連載したりと充実していた。

光兆園とは

昭和初期、「東の京楽園、西の光兆園」と称されたサボテンの輸入大手の営業家。当時の写真からは広大な栽培場で多くの従業員を抱え、輸入球の販売だけでなく実生繁殖にも力を入れている様子がうかがえる。日本のサボテン界が園芸と学問の両分野でバランスよく発展していた時代を象徴する資料で、世界で注目された目賀田守種氏のアストロフィツム研究も、こうした背景があって生まれたといえるだろう。

生み、大正期には棚橋半蔵氏の編纂した名鑑によって統一化の指針が示される。彼の名鑑にはできるだけ学名にちなんだ名称（三角柱、半島玉、テキサス玉など）や、名前を見れば属名が推測されるように配慮したとある。

昭和初期のサボテン業者の大手であった光兆園は、機関誌「シャボテンの研究」で学名を日本名とともに発表して和名の整理統合を積極的に推進、各地の営業家もこれにならうようになった。新たに導入された植物に読者から和名を公募するのもこの時代に始まっている。

基本的には、柱型のサボテンには○○柱、○●竜、玉型は○○玉、○●丸と呼ぶが例外もある。分類学に沿った考え方を取り入れて、特定の属には特定の文字を入れた和名をつけようという暗黙のルールもあった。たとえばメロカクタス属には雲をあて「○×雲」と名付けるという具合である。

＊108ページ表参照

メロカクタス・マタンザヌス＝朱雲：普及し始めた1980年頃は学名で呼ばれていた。

写真上：ケファロセレウス・セニリス＝翁丸の名は学名と外見によるが柱サボテンに丸をつけるのは珍しい。

写真下：アズテキウム・リッテリィ＝アステカ遺跡の紋章のような姿に「花籠」と名付けた先人のセンスに脱帽。

サボテンの呼び名について
NAME of CACTUS

和名と学名どちらを使うか

サボテンに限らず、生き物には世界共通の名である学名があり、通常はラテン語のアルファベットで表記される。欧米の趣味家は学名を使うが、最近は分類法の違いで種名などが頻繁に変わるので、野生由来の個体などは採取場所を表わすフィールドナンバー（以下、FN）を併記して系統別に管理するのが習慣になりつつある。

いっぽう和名は導入時の植物に対してつけられたもので、当時の学名には対応するが、現在の学名と一致しているかは疑わしい。さらに国内で流通するサボテンの多くは実生選抜を経てオリジナルとは形質などが変化しており、学名と正確に照合させるのは難しくなっている。

名前は「モノを区別する道具」のひとつに過ぎず、共通の認識を前提に使わないと通じない。FNも学名の不備を補完する道具だし、最近国内で増加傾向にある「品種名」も和名を補う道具である。学名と和名、FNに品種名、何をどう使うかは人それぞれなので、意思の疎通には互いの理解が欠かせない。

欧米のサボテン事情

国内の趣味家と話をしていると、「欧米の趣味家は栽培よりもコレクションの充実や分類、自生地の探索に熱心で、栽培品には見るべきものはない……」という意見を耳にする。本当にそうだろうか。

筆者は90年代から何度も渡欧し、いろいろな園芸イベントを見てきた。時間の許す限り主要な植物園も訪

アメリカ・ペンシルバニア州のロングウッドガーデン。

モナコ・エキゾチック庭園。

イギリス・王立園芸協会主催のチェルシー・フラワー・ショウの展示。

ドイツ・ヴィルヘルマ動物園のサボテンの温室。

れた。もちろんサボテン業者や愛好団体の展示は必ず見たし、植物園のサボテンコーナーにも欠かさず足を運んだ。個人的な見解だが、出品されたサボテンはどれも立派だったし、植物園のサボテンは美しく管理されていた。

驚いたのは、温暖な地中海に面したモナコのサボテン園はともかく、高緯度地方のドイツ、イギリスといった植物園でも沢山のサボテンが生き生きと育っている。芸術的な園芸品種こそないが、枯れかけた株を並べるような園は皆無である。それだけ栽培技術が高く、サボテンの性質をよく理解している証拠だと感じた。産業としてのサボテンの生産現場はさらに大規模で合理的である。オランダではヘクタール単位のガラス温室に見渡す限りの売店用苗が並び、気候に恵まれたカナリア諸島では柱サボテンやフェロカクタスが南欧や中東の造園用に育てられている。

さらに、欧米には初心者から学者まで参加する趣味団体がいくつもあって、国境を越えて活動している。ギムノカリキウム、フライレア、テフロカクタス、ノトカクタスなど特定の属を対象にした研究会もあり、それぞれインターネットで情報を発信している。PDF化した会報や文献を無料でダウンロードできるサービスもある。画像も添えられており、学名さえわかれば翻訳ソフトで大意はつかめる。117ページに例を挙げたので、興味のある方は一読をお勧めする。

学名への取り組みがカギ

ここ四半世紀の間、科学的なサボテンの研究や知識では、欧米諸国に大きくリードされてしまった。出版物の量、趣味団体の会報の質、業者の扱う種苗のバラエティ、どれをとっても差は明白だ。栽培技術については、平均すればほぼ互角だろう。

日本はたしかに、特殊な栽培法や園芸品種を生み出す能力は抜きんでている。しかしガラパゴス化した世界は環境の急変に弱い。今一番勢いに乗り、熱心なマニアを輩出しているアジア諸国とは人口、物量で圧倒的に分が悪く、追い越されるのも時間の問題に思われる。批判覚悟の極論だが、少なくともラベルに学名を書く習慣をつけないかぎり、明るい未来は遠ざかっていく気がしてならない。好奇心と探究心に溢れた若い世代に期待したい。

サボテン界の偉人たち
CACTUS LEGENDS

歴史の長いサボテン栽培史の中で、驚くべき情熱でサボテンと向かい合い、輝かしい功績を残した国内外の偉人たちを紹介する。

棚橋半蔵 （たなはし はんぞう）
1885〜1941（明治18〜昭和16）

魑魅魍魎の跋扈するサボテン界に科学の光をあてた先覚者

外交官の父と資産家のドイツ人の母を持ち、ドイツで生まれ育つ。明治43（1910）年25歳で来日、貿易商として温暖な湘南に居を構える。サボテンが勝手な名称で取引され、投機や詐欺の手段にされることを憂慮し、ドイツから多くの珍稀種を含むサボテン・多肉植物を取り寄せ、学名の確かなコレクションを維持しつつ、精力的に各地の営業家や研究家を訪ねて和名と学名の調査を行った。

不幸にも第一次世界大戦で大正6（1917）年にドイツへ帰ることになるが、彼の努力の結晶は同年に横浜植木株式会社から『仙人掌及多肉植物名鑑』として発刊された。英文のタイトルは"LIST OF CACTACEAE AND SUCCULENT PLANTS"で序文（Introduction）の末尾にHanzo Tanahashiと記されている。

表紙にLISTとあるように販売カタログの体裁はとっているものの、内容は当時の先進国の間で使われたサボテンの分類法に従って属別に整理され、各種の学名と和名の対照、各植物の特徴、栽培環境を示すなど画期的なもので、単に販売のためのカタログではなかったことをうかがわせる。彼の帰国後もその志は各地の営業家に引き継がれ、昭和のサボテンブームを巻き起こす原動力となった。

「二宮仙人荘」について

明治43（1910）年に来日した棚橋半蔵氏が、サボテンの学術研究と普及のために当時の神奈川県吾妻村（二宮村）に開いた農場で、当時としては珍しい三棟のガラス温室と5つの大フレームを備えた大規模なものであった。敷地内には日本初のサボテンを使ったロックガーデンも設けられ、当時の写真からは大きなウチワサボテンや柱サボテン、多肉植物のアガベなどが植えこまれていたことがうかがえる。

農園には農場主任を置き、日常の管理を行う園丁も雇っていた。棚橋氏は明治44（1911）年に一度ドイツへ戻り、大正3（1914）年に再来日するまでの4年間におびただしい量のサボテンや多肉植物を送り込んだ。彼のサボテン収集は分類学に沿った学術的なもので、栽培室は属別に区割りしてあったと伝えられる。

棚橋氏が実質5年足らずの在日期間中に和名と学名を統一したリストを世に出せたのも、この農場があったおかげである。彼が去ったあと農場は東京三田育種場の所有に移り、やがて民間に売却さ

MUNENAO TSUDA

EIZI MASTUDA

れたという。彼がつくったサボテンを使ったロックガーデンは昭和30年代まで残っていたという記録もある。

津田宗直（つだ むねなお）
1884〜1938（明治27〜昭和13）
サボテンの実生技術を確立した栽培の神さま

愛知県出身。画家を目指したが世情がそれを許さず、趣味として洋ランやサボテンの栽培に熱中した。前出の棚橋半蔵氏の影響も受けたという。参考書もほとんどない時代に独学で栽培法を会得し、種子からの実生法も編み出した。「コレクションは自ら種子から育て、環境に適応した苗を育てる」というのが氏のモットーで、昭和15(1940)年に開催を予定された東京オリンピック（中止）に合わせ、世界に日本のサボテン栽培技術を示そうとサボテン科全種の実生コレクション実現に努力したが、その完成を目前に昭和13(1938)年に急逝した。享年54歳。

栽培場は整然と整備され、綿密な調査、科学的な思考、観察眼、経験にもとづく直観、それら全てが栽培品に反映されていて、訪れた人々は皆驚嘆したという。氏の栽培法は昭和9(1934)年に渡辺栄次氏が創刊した専門誌「シャボテン」に連載され、全国のサボテン愛好家に愛読された。サボテン栽培の基礎ともいえる川砂と綿実粕ピートを使った培養土を考案した人物としても知られる。後年、愛知県が全国のサボテンの実生苗生産の中心となったのは氏の栽培法あってともいえるだろう。

目賀田守種（めがた もりたね）
1917〜1944（大正6〜昭和19）
世界が認める戦火に散った早熟の天才

京都府出身。学生時代、米国のカクタス協会誌に「Three Hundred Years in Japan」の表題で日本のサボテン渡来史について寄稿し、22歳で協会の名誉副会長に推薦された。昭和17(1942)年には、京大農学部でアストロフィツム属の細胞遺伝学と染色体に関する学位論文「An Account of the Genus Astrophytum LEMAIRE」を発表する。残念ながら当時は戦時中でほとんど注目されることはなく、本人も召集されてレイテ島沖で戦死してしまう。後年、彼の業績は海外では広く受け入れられ、専門家の間でも高く評価されている。ギムノカリキウム・メガタエ(Gymnocalycium megatae)は彼の功績を称えたもの。

Dr. BRITTON & Dr. ROSE

KURT BAKKEBERG

松田英二（まつだ えいじ）博士
1894～1978（明治27～昭和53）

高邁な理想を掲げて
異国での研究に邁進した信念の人

長崎県出身。台湾での教職の後、大正11（1922）年にメキシコに移住、チアパス州でエスペランサ農園を開くとともに、メキシコ革命後の内乱で貧困にあえぐ人々の世話や孤児のための学校を建て教育にも取り組んだ。メキシコ南部を中心に精力的に野外調査を行っておびただしい数の新種を発見。日米大戦などの余波で幾度となく困難に遭いながらそれを乗り越え、終戦後はメキシコ大学の植物学教授に任命される。「メキシコ植物学の父」と称され、またメキシコで最も尊敬される日本人でもある。昭和35（1960年）には東京大学から名誉博士号を贈られる。昭和41（1966）年当時の手記によると発見記載した新種は750余種、新属は6属といい、実際はさらに増えている。昭和53（1978）年にブラジルで開かれた学会の帰途、ペルーで急逝した。業績を記念してマンサク科のマツダエア属（Matudaea）のほか、サボテン科ではマミラリア属やテロカクタス属にマツダエ（matudae）の学名がつけられている。アナナス科のチランジア属などにマツダエ（Tillandsia matudae）、エイジィ（Tillandsia eizii）もある。

ブリットン博士＆ローズ博士
1859～1934、1862～1928

サボテン科の研究を一気に推し進めた
歴史的名コンビ

両名ともアメリカ出身の植物学者。カーネギー財団の支援を受けて南北両アメリカを縦断する調査旅行を敢行し、『サボテン』(The Cactaceae:4巻:1919-1923)を発表。それまでのシューマン博士の分類法に代わるサボテン科の新しい分類を唱え、これにより現在のサボテン科の属がおおむね揃うことになる。たとえば、旧エキノカクタス属からフェロカクタス属、テロカクタス属、コピアポア属などを分離独立させた。弁慶柱として有名なアリゾナ産のカーネギア・ギガンテアは財団への感謝を表したものだ。

クルト・バッケベルグ
1894～1966

昭和のサボテンブームで注目された
稀代のサボテン研究家

WALTER RAUSCH

ALFRED LAU

ドイツ出身。ブリットン博士＆ローズ博士の分類法に対抗し、より細かく属や種を細分化する分類体系を唱えた。独学でプライドが高く論敵も多いが、精力的な仕事ぶりは高名な学者たちからも一目置かれた。日本では1958年から1962年にかけて出版された『Die Cactaceae（サボテン科）』全6巻が先進的な営業家や趣味家にバイブルのように扱われ、いまだに古参のマニアには根強い支持者がいる。学名の種小名の後にあるBackeb.の略号は彼の勲章といえるだろう。

ウォルター・ラウシュ
1928〜1990

アンデス山中に住み着いてしまった
無類のサボテン人

オーストリア出身の植物学者。ボリビアとアルゼンチンを中心に南米各地を精力的に調査。ロビビア属、アイロステラ属、スルコレブチア属など各種の分布と多様な変異、連続性などについて著した『Lobivia 75』(1975)、続編の『Lobivia 85』(1985)を出版し、机上の分類論争に明け暮れる欧州の学者たちを痛烈に批判した。彼の功績を称えてロビビア、パロディア、レブチア、スルコレブチアにラウシィ（rauschii）、ワルテリ（walteri）などの種名が残っている。

アルフレッド・ラウー
1928〜2007

20世紀を代表する
オールマイティなプラントハンター

ドイツ出身のプロテスタントの神学博士。メキシコに渡り貧しい人々の教育に力を尽くす傍ら、精力的に自生地を回りおびただしい数の新種を発見する。さらに、野生植物から優良な個体を見つけ出して欧米の研究者や趣味家に提供し、教育活動を続ける資金援助を受ける。彼の選んだ植物はサボテンに限らず、高い観賞価値を持つものが多いことで定評があり、フィールドナンバーはLもしくはLau。今、世界中で最も多く栽培されるサボテンはL088（=Echinocereus rigidissimus var. rubrispinus：紫太陽）かもしれない。彼の功績を称えて種名にlauiの文字を掲げた植物は数知れず、サボテンではマミラリア、コピアポアが有名。

サボテンの名著たち
BOOKS GUIDE

国内外のサボテンに関する本から、参考になるものを選りすぐり。

和書

サボテン全書(グラフィック社)　パワポン・スパナンタナーノン著

花アルバムサボテン(誠文堂新光社)　平尾博 著

サボテン・多肉植物ポケット事典(NHK出版)　平尾博、児玉永吉 編

原書はタイ語で書かれたもの。2018年に日本語訳が刊行され、最近日本で刊行されたサボテン関連本の中では出色の出来栄え。サボテンという植物の特徴、栽培・繁殖法、病害虫とその防ぎ方など情報がぎっしり。図鑑部分も属の特徴や各種にまつわるエピソードなど読んでためになる内容満載の好著。図鑑写真のほとんどはタイ国での栽培品のため、昼夜の温度差と乾燥で本来の姿となるフェロカクタス属などの刺物サボテンはいまいちの姿。

平尾氏はしっかりとした科学的視点と、園芸家としてのバランス感覚をあわせ持つ日本では稀有のサボテン人。シャボテン社を運営するとともに冊子「シャボテン」の定期発行のほか、初心者向きの手引書をいくつも著して日本のサボテン界をリードした。ここに挙げた2冊はいずれも美しい開花写真を添え、初心者にもわかりやすくサボテンの魅力をアピールしている。栽培の項目も基本的なポイントを押さえていてわかりやすい。(左)は絶版だが古書はまだ入手可能。

シャボテン幻想(ちくま学芸文庫)　龍膽寺雄 著　　**原色シャボテン多肉植物大図鑑・全3巻ハードカバー**(誠文堂新光社)　龍胆寺雄 著

著者は1920年代後期から1940年代にかけて文壇で活躍し、その後サボテン栽培・研究家として「日本砂漠植物研究会」を主宰する。サボテン・多肉植物という新奇植物の導入に熱心で、会報誌「シャボテンの研究」をはじめ単行本の栽培書や豪華写真集を数多く著した。(左)は1974年に刊行された単行本の文庫化で、筆者独特の巧妙な語り口に引き込まれ、サボテンブームに沸いた時代の雰囲気が伝わってくる。まるで今のコーデックス、黒王丸ブームの原点を見るようでもある。サボテン園芸を従来の栽培、装飾を主眼とした園芸とは異なる「考える園芸」と看破し、分類や自生地への思索を中心とする新世代の園芸とした。(右の3冊)は既に絶版で入手困難。しかし戦後の輸入サボテン全盛期に導入されたサボテンの学名と日本名、カラー写真など貴重な資料である。日本のサボテンの源流を知るには見逃せない書籍のひとつ。

花サボテン図譜(誠文堂新光社)　伊藤芳夫 著　　**サボテン科大事典**(未来社)　伊藤芳夫 著

南米産「花サボテン」の交配育種に生涯をささげたサボテン人。自ら交配作出した花サボテンを分類学的アプローチで紹介する。(左)のような書籍、読み物などを多数著した。執筆活動は晩年も衰えず、サボテン科全種を網羅した図鑑として(右)を刊行する。著書の数、発表した品種の数などで「世界一」を自称し、ドイツのバッケベルグを引き合いにして、自身が世界的サボテン研究者であることを匂わせる。しかし科学者というより理想を求めるロマンチストの傾向があり、新属新種を乱立する分類法と独善とも受け取られかねない排他的な記述で物議をかもした。残念ながら作出した品種の多くはサボテンブームの終焉とともに失われ、残っている品種も真贋不詳のケースが少なくない。

洋書

Cacti and Succulents
Graham Charles

Copiapoa
Graham Charles

500 Cacti: Species and Varieties in Cultivation
Ken Preston-Mafham

著者は多くの種を実際に栽培し、頻繁に自生地を歩き回って新種の発見例も多いハイレベルな愛好家。GCのフィールドナンバーで知られている。(左)はサボテンと多肉植物をセットにして紹介する初心者向け入門書。紹介種数が限られているため図鑑的に使う本ではないが、初心者向けの属はあらかた網羅され、代表種の紹介、栽培ノウハウなども充実している。(右)はコピアポア属だけを扱ったマニア向けの啓蒙書。

初心者〜中級者向きのサボテンの中から500種を選んで写真とともに紹介している。写真の大半はフィールドナンバーや撮影地が併記されており、購入の際の参考になる。選定の基準は筆者の好みかマミラリア属だけで100種以上、柱状サボテンやウチワサボテン類が充実し、逆にアストロフィツムやフェロカクタス、アリオカルプスといった日本でメジャーなサボテンが少ないのは興味深い。私はこの本でマミラリアやパロディア、小型柱サボテンの魅力を再認識した。

The New Cactus Lexicon　Davit Hunt

Taxonomy of the Cactaceae :Vol.I,2　Joël Lodé

サボテン科全種をまとめた2006年刊行の学術書。著者は『CITES Check List Cactaceae（キュー王立植物園刊）』を編纂した人物。種記載のテキストと植物写真の図鑑に分かれる2分冊の構成で合わせて900ページ、写真2400枚超に及ぶ。英語は苦手で写真を眺めるだけ、価格も安いほうがよいという方には、2013年に図鑑部分だけを縮小した廉価版も刊行されている。

2015年に2冊組で出版された重厚感のあるサボテン図鑑。筆者はフランス人の冒険家でサボテン愛好家でもある。自らCACTUS ADVENTURES Internationalを主宰し、情報発信、書籍、種子の販売を行う。本書ではDNA解析をもとに筆者独自の分類法を提唱。各巻の前半はサボテンの分類で、ABC順に各属の代表種をひとつ取り上げ、種子の顕微鏡写真、学名の由来などを詳述している。後半の図鑑部分で各種の写真を配列している。現在、種ごとの解説を添えた続編2冊（Vol.3,4）を準備中だという。

インターネット刊行物

THE CACTUS EXPLORER

国際的なサボテン多肉植物趣味家のための刊行物で、年に数回PDFファイルで無料配布される。内容は幅広く、趣味団体や営業家のアクセスHPなどの情報もある。
http://www.cactusexplorers.org.uk

Schütziana The Gymnocalycium Online Journal

ドイツ語圏のギムノカリキウム属に特化した趣味団体が発行する機関誌。日本語訳も入手可能。つい最近もパラグアイ産のギムノカリキウムの新種を発表している。
https://www.schuetziana.org

HABITAT

自生地紹介

サボテンは南北アメリカ大陸に広く分布するが、その自生地を大きく分けるとメキシコを中心とした北米地域、カリブ海を囲む中央アメリカ地域、南米アンデス山脈の裾野から高山までを含む南米地域の3つに分けられる。観賞用に栽培されるサボテンは北米産と南米産が中心で、とくにメキシコ産の各種は日本での人気が高い。

南米産と北米産のサボテンの違いを大ざっぱに言えば、北米が標高1000～2000mの場所に集中するのに対し、南米産は寒流の影響を受ける標高の低い太平洋沿岸部、標高3000～4000mを超えるアンデス高山帯、温暖で平坦な疎林や草原が広がるブラジルやアルゼンチンの平野部など、多様な環境にそれぞれの種が広く分布している点である。

北米産のサボテンは比較的栽培しやすいが、南米産のサボテンはクセのある種類が多いといわれるのは、このあたりに理由がある。

当然、日本の気候とあまりにもかけ離れた環境で育つサボテンは育てにくい。サボテンの自生地と気候風土や生育環境を知ることは、栽培のコツをつかむ一番の近道といえるだろう。

メキシコ編

メキシコはサボテンの自生地として真っ先に思い浮かぶほど有名である。面積はおよそ196万km²で日本の約5倍以上、人口は日本よりやや多く1億3千万人ほどである。国土の多くはもともと海の底にあった石灰岩が隆起し、それが侵食されてできた高原地帯が占める。石灰岩土壌は保水性が低く、高木も育ちにくいこともメキシコがサボテンの一大産地になった要因のひとつとされている。

基本的には夏に雨が降り冬は乾燥する夏緑型の半砂漠地帯ではあるが、北西部の太平洋側に位置するカリフォルニア半島は夏に乾燥し冬に雨の降る地中海性気候であるため、その地域の植物も秋から冬にかけて生育するものが少なくない。

メキシコ中央高地（撮影：倉知 重信 氏）

標高は平均2200m、内陸部なので昼夜の温度差が大きく、南部の熱帯圏でも夜間は寒いほど。石灰岩が河川の浸食を受けて複雑に入り組んだ地形となり、それぞれの微気象に合わせて進化した多様なサボテンが見られる。比較的雨季と乾季の差がはっきりし、季節としては高温多湿な夏と乾燥する冬が基本で、その間に短い春秋がある。わが国で人気のある小型サボテンの多くがメキシコ産であるのは、南米に比べて生育環境が再現しやすいことにもある。

1 エキノカクタス・ホリゾンタロニウス：ヌエボレオン州サンホセ（San Jose）近郊。野生個体は扁平に育ち、強い刺で武装している。 2 ロフォフォラ・ウィリアムシィ：ヌエボレオン州サンホセ（San Jose）近郊。薬用として使われることで有名なサボテン。麻薬のように幻覚を見せる作用があるといわれる。 3 アリオカルプス・レツーサ：ヌエボレオン州ドクトル・アローヨ（Doctor Arroyo）近郊。石ころに似た擬態をするサボテンで、地下に粘液を含んだ大きな根がある。 4 フェロカクタス・スタイネシィ：サンルイスポトシ州ウィサチェ（Huizache）近郊。色鮮やかな強刺が目を引く大型サボテン。 5 アズテキウム・ヒントニーとゲオヒントニア・メキシカーナの自生地：ヌエボレオン州ガレアナ（Galeana）近郊。天然の石膏がかたまったような場所に生える。 6 アズテキウム・ヒントニーとゲオヒントニア・メキシカーナ：同上。2つの種類は混生し、生態や外見は似ているが両者の雑種は知られていない。花の開く時間帯が前者は日中、後者は夕刻と、ずれているのが理由ともいわれている。 7 ストロンボカクタス・ディスキフォルミス：イワヒバの仲間と共存していることから、雨季には湿った状態が続くと思われる。アズテキウム属も同じような環境。 8 エキノカクタス・プラティアカンサス：ヌエボレオン州サンホセ（San Jose）近郊。 9 エキノカクタス・プラティアカンサス：イダルゴ州メツティトラン（Metztitlan）近郊ベナード渓谷。ドラム缶のような太い胴をしたサボテンで寿命が長い。大きなものは樹齢500年ともいわれる。

メキシコ・バハカリフォルニア

(撮影：倉知 重信 氏)

　メキシコの北西部に位置する半島で、日本の中国、四国、九州地方を合わせたほどの大きさがある。メキシコ本土とはカリフォルニア湾で隔てられ、降水量は少ないものの太平洋の影響で比較的湿度は高い。亜熱帯地域であるが、標高によっては平均気温は温帯に近い。中西部の山脈(1000〜1500m)、中部の高原(300〜600m)、砂丘の広がる海岸線など変化に富む。

　基本的には冬に雨の降る地中海性気候で、特徴的な生態系は半島の西側を中心にほぼ半島全域に広がっている。海岸砂丘部にはステノケレウス属、高原にはフェロカクタス属のサボテンが目につく。また、カリフォルニア湾には多くの島が存在し、それぞれ際立った特徴のあるフェロカクタスの固有種が自生していることも注目に値する。

1 カリフォルニア湾(コルテス海とも呼ぶ)に浮かぶ島々には固有のサボテンが少なくない。これはアンヘル・デ・ラ・グアルダ島だけに自生する希少なフェロカクタス、フェロカクタス・ジョンストニアヌス：白帝城　2 金冠竜：フェロカクタス・クリサカンツス(セドロス島)。カリフォルニア産のフェロカクタスのうち、太平洋側の島に進出した種類で、刺の色には赤〜オレンジ〜黄色と変異の幅が広い。　3 半島玉：フェロカクタス・ペニンシラエ(バハ南州北部)。カリフォルニア半島に産することから半島を意味する種小名が付き、日本名も同じく半島に由来する。　4 バハカリフォルニア州南部にて赤刺のフェロカクタス・グラキリス亜種コロラツスや鎖状につながったキリンドロプンチア・チョーラなどが見える。太柱状の大きな植物は観峰玉：フォークィエリア・コルムナリスの成木。　5 カルメン玉：フェロカクタス・デグェティ亜種カルメネンシス(カルメン島)。　6 武者ウチワ：グルソニア・インビクタ(バハ中部)。球形ウチワサボテンの仲間で、鋭い刺は若いうちは赤色をして美しい。灌木の根元に生え、黄色い花を咲かせている。　7 刈穂玉：Fero. グラキリス(バハ中部)。　8 紅洋丸：フェロカクタス・フォルディ(バハ北部エル・ロサリオ郊)。カリフォルニア半島の付け根に近い場所、エル・ロサリオの海岸付近にあった株。

ペルー（筆者撮影）

ペルーは南米大陸の西に位置し、面積は日本の3.4倍、人口は1/4の3千万人強ほど。広い国土には手つかずの自然が多く残っている。緯度は赤道直下から南緯18℃までで熱帯域になるが、標高の高い内陸部は気温も上がらず、氷河を水源とする川沿いに多くの人々が暮らしている。サボテンの自生地としてはあまり知られていないが、固有種、固有属を数多く産する国である。標高の低い沿岸部は夏は乾燥し冬に雨や霧の多い冬雨気候、標高が上がるにつれ夏に雨（雪やみぞれも！）が降り、冬は乾燥する夏雨気候となる。年間の気温差よりも昼夜の寒暖差のほうが大きく、内陸部では20℃以上の差も珍しくない。アンデスを東に超えた地域はアマゾン川の源流を含む熱帯雨林で、高温多雨の湿潤気候となる。

ペルー原産のサボテンは、おもにアンデス山系の中腹域を故郷とし、栽培しやすい種類が多い。代表的な固有属はマツカナ、オロヤ、エスポストアなど。標高5000m付近まで分布するプノティア・ラゴフスは、サボテン科で最も高所に適応した種とされる。真っ白で密な綿毛に覆われ、径2mほどの群生株が一面の群落となるため、羊の群れか雪の塊のように見えるという。

1 オプンチア・フロッコーサ Opuntia floccosa (=Austrocyrindropuntia floccosa)：パストルリ(Pastoruri)氷河付近、標高4500m。ハイマツのように矮小化したウチワサボテンの仲間。　**2** オロヤ・ボルケルシィ Oroya borchersii：アンカシュ県カルパ(Carpa)渓谷にて標高4200m。膝丈ほどのイネ科の草原にポツリポツリと生えている。後ろに見える大型の植物は世界最大の花序をつけるプヤ・ライモンディ（ブロメリア科）。**3** マツカナ・ヘイネイ Matucana heineyi：アンカシュ県、サンタロサ(Santa Rosa)付近：標高2800m。よじ登るのも上から降りるのも不可能な急傾斜でチランジアと一緒に生えていた。谷底から吹き上がる風が心地よい場所である。　**4** マツカナ・ヤンガヌケンシス Matucana yanganucensis アンカシュ県、ウマチュコ(Humacchuco)付近：標高3500m。氷河が削ってできたヤンガヌコ湖にほど近い場所で、山の稜線沿いの乾いた場所を選ぶように自生している。低い灌木に隠れるようにひっそりと花を咲かせていた。　**5** ハーゲオケレウス Haageocereus puseudomelanostele ssp. chryseus：チャキスタンポ(Chaquistambo)付近、標高600m。岩の割れ目に根をおろして激しい乾燥に耐えている。谷を100mも下れば水量豊かな川があり、川に沿ってバナナやマンゴー、野菜などの栽培が行われる。僅かな高低差で風景が一変するのは雨の降らない地域独特のもの。　**6** ボルジカクタス（クレイストカクタス） Cleistocactus sulcifer（異名 C. granditessellatus）：アンカシュ県ラキア(Laquia)付近。標高1900m。真っ赤な色をした筒型の花はハチドリを呼ぶための色と形。　**7** アルマトケレウス・プロケウス Armatocereus procerus ほか：チャキスタンポ(Chaquistambo)付近、標高600m。巨大な花崗岩の岩山が風化してできた割れ目に根を下ろしている。3種類のサボテンが生えている。　**8** メロカクタス・ペルビアヌス Melocactus peruvianus：同上、標高600m。風化した花崗岩の岩屑が含む僅かな霧を頼りに生きている。　**9** エスポストア Espostoa melanostele ssp. nana：アンカシュ県ラキア(Laquia)付近。標高1800m。全体に綿毛に覆われた株立ち状になる柱サボテン。褐色の綿の塊は花を咲かせるための特殊な器官で偽花座とよばれる。あたり一面岩山だが、遥かに見える緑の谷底だけが水脈に恵まれている。

Habitat

CHILE

チリ（撮影：岩田 馨 氏）

チリという国はアンデス山脈の西側、太平洋に面した極端に南北に細長い国である。北部の太平洋沿岸にあるアタカマ砂漠は標高2000mの高原砂漠で、地球上で最も雨が降らない地域とされる。しかし大形のコピアポア各種が自生するのは、アタカマ砂漠の西側に沿って連なる山地帯を太平洋側に降りた場所で、おもに海岸線から数キロ以内の標高300m以下の地域に集中している。そこは太平洋の湿った風の影響を受け、冬の間は毎日のように大量の霧が発生する。亜熱帯域にもかかわらず、気温は付近を流れる寒流の影響を受けて低く保たれ、夏の最高気温は30℃止まり、冬の最低気温は10℃前後という穏やかな環境である。雨は降らないものの、年間を通して湿度は75％以上ある。地形と風向きによって、季節的に結露した水分が大地をうるおすので、乾燥に耐える低木、宿根草、球根など様々な植物が自生している。

有名なコルムナアルバは、南緯25度より南のタルタル（Taltal）からチャニャラル（Chanaral）北部にかけた、延長100kmを超える海岸沿いの丘陵地に自生する。基本種である黒王丸は北部タルタル近郊、反対にデアルバータはずっと南よりの南緯28度付近のカリサル（Carrizal）周辺に分布している。

1 コピアポア・デアルバータ：アタカマ州ワスコ（Huasco）の北、カリザル（Carrizal）にあるジャノス・デ・チャレ国立公園（Parque Nacional Llanos de Challe）の風景。冬から春にかけては緑豊かな草原となる。遠方の禿げ山に霧がかかっているが、雨を降らせる力は既にない。　2 エリオシケ・ロデンティオフォラ：アタカマ州バエナル（Vallenar）南部。　3 ユーリキニア・ブレビフロラ：アタカマ州ワスコ（Huasco）近郊。15cmを超える長い刺に覆われる柱サボテン。刺で効率的に霧を集めていると考えられる。　4 エリオシケ・タルタレンシス：コキンボ州エルキ（Elqui）県にて。　5 コピアポア・デアルバータ：同上。数百棟からなる大群生株があちらこちらにある。　6 コピアポア・デアルバータ：同上。自生地は海岸線が遠望できる高台にあり、冬季は頻繁に深い霧で覆われる。　7 コピアポア・エキノイデス：コキンボ州エルキ（Elqui）県にて。コピアポア属としては刺の強い仲間。肌色は黄褐色〜赤褐色で荒々しい雰囲気のあるサボテン。　8 エリオシケ・チレンシス：バルパライソ州北部、コキンボ州境のロス・モジェス（Los Molles）海岸から100mほどの岩場に自生。　9 トリコケレウス・コキンバヌス：コキンボ州、ラ・セレナ（La Serena）北部近郊。枝分かれしながら群生し、ときに巨大な群落を作ることもある。白い大輪花を咲かせる。　10 トリコケレウス・コキンバヌスの花：同上。

Index

索引

Ancistrocactus brevihamatus	アンシストロカクタス・ブレビハマツス	005
Ancistrocactus tobuschii	アンシストロカクタス・トブスキィ	005
Ariocarpus agavoides	アリオカルプス・アガボイデス	006
Ariocarpus bravoanus	アリオカルプス・ブラボアヌス	006
Ariocarpus fissuratus	アリオカルプス・フィスラツス	006
Ariocarpus fissuratus ssp. hintonii	アリオカルプス・ヒントニィ	007
Ariocarpus fissuratus ssp. lloydii	アリオカルプス・ロイディ	007
Ariocarpus kotschoubeyanus 'Macdowellii'	アリオカルプス'マクドウェリィ'	007
Ariocarpus retusus	アリオカルプス・レツーサ	008
Ariocarpus retusus 'Furfuraceus'	アリオカルプス・レツーサ'フルフラセウス'	008
Ariocarpus trigonus	アリオカルプス・トリゴヌス	008
Armatocereus mataranus	アルマトケレウス・マタラヌス	076
Arrojadoa marylanae	アロハドア・マリラナエ	076
Arrojadoa rhodantha var. occibahiensis	アロハドア・ロダンサ	076
Astrophytum 'Kabuto'	アストロフィツム'兜'	105
Astrophytum 'Miracle Kabuto'	アストロフィツム'ミラクル兜'	106
Astrophytum asterias	アストロフィツム・アステリアス	008
Astrophytum capricorne	アストロフィツム・カプリコルネ	009
Astrophytum capricorne ssp. niveum	アストロフィツム・カプリコルネ・ニベウム	009
Astrophytum capricorne ssp. niveum 'Nudum'	アストロフィツム・ニベウム'ヌーダム'	009
Astrophytum caput-medusae	アストロフィツム・カプトメデュサエ	010
Astrophytum myriostigma 'Onzuka'	アストロフィツム'恩塚鸞鳳玉'交配選抜	106
Astrophytum myriostigma 'Tulense'	アストロフィツム・ミリオスティグマ'チューレンセ'	010
Astrophytum ornatum	アストロフィツム・オルナツム	010
Austrocactus bertinii	アウストロカクタス・ベルチニィ	040
Austrocactus gracilis	アウストロカクタス・グラキリス	040
Aztekium ritteri	アズテキウム・リテリィ	032
Blossfeldia liliputana 'Pedicillata'	ブロスフェルディア・リリプタナ	066
Browningia hertlingiana (=Azureocereus hertlingianus)	ブロウニンギア・ヘルトリンギアナ	077
Cephalocereus senilis	ケファロセレウス・セニリス	077
Cleistocactus hyalacanthus	クレイストカクタス・ヒアラカンサスニス	078
Cleistocactus (=Hildewintera) coladenononis	クレモケレウス・アルビビッスス	079
Cleistocactus (=Seticereus) icosagonus	クレイストカクタス・イコサゴナス	078
Coleocephalocereus aureus ssp. brevicylindricus	コレオケファロケレウス・オーレウス・ブレビキリンドリカ	078
Copiapoa alticostata (=Copiapoa coquimbana 'alticostata')	コピアポア・コキンバナ'アルティコスターダ'	042
Copiapoa cinerea	コピアポア・キネレア	040
Copiapoa cinerea 'Albispina'	コピアポア・キネレア'アルビスピナ'	040
Copiapoa cinerea ssp. aff. tenebrosa	コピアポア・テネブローサ類似種	041
Copiapoa columuna-alba	コピアポア・コルムナアルバ	041
Copiapoa dealbata	コピアポア・デアルバータ	042
Copiapoa echinoides	コピアポア・エキノイデス	042
Copiapoa griseoviolacea	コピアポア・グリセオビオラセア	043
Copiapoa haseltoniana (=C. cinerea var. gigantea 'haseltoniana')	コピアポア・ギガンテア	041
Copiapoa hypogaea var. barquitensis	コピアポア・ヒポガエア・バルクイテンシス	042
Copiapoa krainziana	コピアポア・クラインジアナ	043
Copiapoa laui	コピアポア・ラウィ	044
Copiapoa solaris	コピアポア・ソラリス	044
Coryphantha (=Cumarinia) odorata	コリファンタ・オドラータ	024
Coryphantha durangensis	コリファンタ・デュランゲンシス	023
Coryphantha elephantidens	コリファンタ・ヒントニオルム	023
Coryphantha poselgeriana var. valida	コリファンタ・ポセルゲリアナ・バリダ	024
Coryphantha runyonii	コリファンタ・ルンヨニィ	023
Coryphantha salm-dyckiana	コリファンタ・サルムディッキアナ	024
Coryphantha tripugionacantha	コリファンタ・トリプギオナカンタ	025
Cumulopuntia boliviana f.	クムロプンチア・ボリビアナ	084
Cylindropuntia hystrix	キリンドロプンチア・ヒストリクス	084
Cylindropuntia ramosissima	キリンドロプンチア・ラモシッシマ	085
Dendrocereus nudiflorus	デンドロセレウス・ヌディフロルス	079
Denmoza rhodacantha	デンモザ・ロダカンタ	044
Discocactus araneispinus	ディスコカクタス・ゼントネリィ亜種'ブーミアヌス'アラネイスピナス	073
Discocactus bahiensis	ディスコカクタス・バイエンシス	072
Discocactus horstii	ディスコカクタス・ホルスティ	072
Discocactus placentiformis (=D. crystallophilus)	ディスコカクタス・プラセンチフォルミス	072
Discocactus placentiformis (=D. crystallophilus)	ディスコカクタス・プラセンチフォルミス	073
Echinocactus polycephalus	エキノカクタス・ポリケファルス	013
Echinocactus grusonii	エキノカクタス・グルソニィ	011
Echinocactus horizonthalonius	エキノカクタス・ホリゾンタロニウス	011
Echinocactus horizonthalonius 'Nova'	エキノカクタス・ホリゾンタロニウス'ノヴァ'	012
Echinocactus horizonthalonius 'Subiki'	エキノカクタス・ホリゾンタロニウス'スキビィ'	011
Echinocactus parryi	エキノカクタス・パリィ	012
Echinocactus platyacanthus 'Longispinus'	エキノカクタス・プラティアカンサス'ロンギスピス'	012
Echinocactus polycephalus ssp. xeranthemoides	エキノカクタス・キセランテモイデス	014
Echinocereus coccineus	エキノケレウス・コッキネウス	036
Echinocereus delaetii	エキノケレウス・デラティ	037
Echinocereus engelmannii 'Armatus'	エキノケレウス・エンゲルマンニィ'アルマツス'	037
Echinocereus fendleri var. kuenzleri	エキノケレウス・フェンドレリィ・ケンツェリ	037
Echinocereus lindsayi (=E. ferreirianus ssp. lindsayi)	エキノケレウス・リンゼイ	038
Echinocereus nicholii	エキノケレウス・ニコリィ	038
Echinocereus rigidissimus	エキノケレウス・リギデッシムス	039
Echinocereus triglochidiatus	エキノケレウス・トリグロチディアツス	039
Echinocereus viridiflorus var. davisii	エキノケレウス・ビリディフロルス・ダビシィ	039
Echinomastus johnsonii ssp. lutescens	エキノマスタス・ジョンソニィ・ルテスケンス	014
Echinomastus unguispinus 'Laui'	エキノマスタス'ラウィ'	014
Echinopsis (=Lobivia) chrysochete	エキノプシス・クリソケテ	045
Echinopsis (=Lobivia) chrysochete var. minutiflora	エキノプシス・クリソケテ・ミヌティフロラ	045
Echinopsis (=Soehrensia) bruchii	エキノプシス・ブルヒィ	046
Echinopsis (=Soehrensia) formosa ssp. randalii	エキノプシス・ランダリィ	047
Echinopsis leucantha	エキノプシス・レウカンサ	045
Echinopsis mamillosa	エキノプシス・マミローサ	046
Echinopsis oxygona	エキノプシス・オキシゴナ	046
Echinopsis rhodotricha ssp. chacoana	エキノプシス・チャコアナ	046
Epithelantha micromeris	エピテランサ・ミクロメリス	032
Epithelantha micromeris ssp. bokei	エピテランサ・ボケィ	032
Eriosyce (=Thelocephala) napina	エリオシケ・ナピナ	048
Eriosyce aurata	エリオシケ・アウラタ	047
Eriosyce aurata (=E. ceratistes x E. sandillon)	エリオシケ・アウラタ 天然交配種	047
Eriosyce crispa	エリオシケ・クリスパ	049
"Eriosyce curvispina 'Tuberisulcata' (=Pyrrhocactus tuberisulcatus, Horridocactus curvispinus)"	エリオシケ・クルビスピナ'ツベリスルカタ'	048
Eriosyce megliolii	エリオシケ・メグリオリ	050
Eriosyce paucicostata ssp. foccosa	エリオシケ・パウキコスターラ・フロッコーサ	050
Eriosyce rodentiophila (=Rodentiophila magacarpa)	エリオシケ・ロデンティオフォラ	048
Eriosyce senilis (=Neoporteria multicolor, brown form)	エリオシケ・セニリス(ブラウンフォーム)	049
Eriosyce senilis (=Neoporteria multicolor, white form)	エリオシケ・セニリス(ホワイトフォーム)	049
Eriosyce taltalensis ssp. paucicostata 'Neohankeana'	エリオシケ・タルタレンシス'ネオハンケアナ'	050
Eriosyce taltalensis ssp. pilispina	エリオシケ・タルタレンシス・ピリスピナ	051
Escobaria alversonii	エスコバリア・アルバーソニィ	025
Escobaria minima (=E. nelliae 'Minima')	エスコバリア・ミニマ	025
Escobaria vivipara ssp. bisbeena	エスコバリア・ビビパラ・ビスビーアナ	026
Espostoa lanata	エスポストア・ラナタ	079
Espostoa mirabilis	エスポストア・ミラビリス	079
Eulychnia saint-pieana	エウリキニア・サイント・ピエアナ	080
Ferocactus chrysacanthus	フェロカクタス・クリサカンス	015
Ferocactus gracilis ssp. coloratus	フェロカクタス・グラキリス・コロラツス	015
Ferocactus johnstonianus	フェロカクタス・ジョンストニアヌス	016
Ferocactus latispinus	フェロカクタス・ラティスピナス	016
Ferocactus lindsayi	フェロカクタス・リンゼイ	017
Ferocactus (=Hamatocactus) hamatacanthus	フェロカクタス・ハマタカンサス	015
Ferocactus (=Hamatocactus) hamatacanthus	フェロカクタス・ハマタカンサス	016
Frailea asteroides	フライレア・アステロイデス	067
Frailea castanea	フライレア・カスタネア	066
Frailea horstii	フライレア・ホルスティ	067
Frailea mammifera	フライレア・マミフェラ	067
Frailea melitae	フライレア・メリタ	067
Frailea pharodisca ssp. cupularia	フライレア・クプラリア	068
Geohintonia mexicana	ゲオヒントニア・メキシカーナ	032
Glandulicactus mathsonii	グランデュリカクタス・マッソニィ	017
Grusonia bradsiana	グルソニア・プラディアナ	085
Gymnocactus beguinii var. senilis	ギムノカクタス・ベグイニィ・セニリス	036

Name	Japanese	Page
Gymnocactus horripilus	ギムノカクタス・ホリピルス	036
Gymnocalycium anisitsii	ギムノカリキウム・アニシトシイ	051
Gymnocalycium armatum	ギムノカリキウム・アルマツム	053
Gymnocalycium armatum	ギムノカリキウム・アルマツム	053
Gymnocalycium baldianum	ギムノカリキウム・バルディアヌム	051
Gymnocalycium baldianum f. sanguiniflorum	ギムノカリキウム・バルディアヌム・サンギニフロム	052
Gymnocalycium bodenbenderianum	ギムノカリキウム・ボーデンベルデリアヌム	052
Gymnocalycium cardenasianum	ギムノカリキウム・カルデナシアヌム	052
Gymnocalycium catamarcense 'Major'	ギムノカリキウム・カタマルケンセ'マヨル'	053
Gymnocalycium ferox	ギムノカリキウム・フェロックス	054
Gymnocalycium friedrichii	ギムノカリキウム・フレドリッヒ	054
Gymnocalycium gibbosum ssp. ferox	ギムノカリキウム・ギボッスム・フェロックス	054
Gymnocalycium 'Matenryu'	ギムノカリキウム '摩天竜 交配選抜	106
Gymnocalycium megatae ssp. Nova	ギムノカリキウム・メガタエ	055
Gymnocalycium monvillei	ギムノカリキウム・モンビレィ	055
Gymnocalycium ochoterenae	ギムノカリキウム・オコテレナエ	055
Gymnocalycium prochazkianum	ギムノカリキウム・プロチャズキアナム	056
Gymnocalycium schickendantzii	ギムノカリキウム・シッケンダンツィ	056
Gymnocalycium spegazzinii	ギムノカリキウム・スペガツィニィ	057
Gymnocalycium tilcarense	ギムノカリキウム・ティルカレンセ	056
Haageocereus divaricatispinus	ハーゲオケレウス・デバリカチスピヌス	080
Hildewintera colademononis	クレイストカクタス・コラデモノ	078
Leuchtenbergia principis	レウヒテンベルギア・プリンキピス	017
Lobivia jajoiana var. glauca	ロビビア・ヤヨアナ・グラウカ	068
Lophophora fricii	ロフォフォラ・フリキィ	018
Lophophora fricii 'Ginkan-gyoku'	ロフォフォラ '銀冠玉'（選抜系）	106
Lophophora williamsii	ロフォフォラ・ウィリアムシィ	018
Maihuenia poeppigii	マウフエニア・ポエッピギィ	091
Maihueniopsis darwinii var. hickenii	マイフエニオプシス・ダーウィニィ・ヒッケニィ	085
Maihueniopsis glomerata	マイフエニオプシス・グロメラータ	086
Maihueniopsis darwinii	マイフエニオプシス・ダーウィニィ	085
Mammillopsis senilis	マモプシス・セニリス	026
Mammillaria albicoma	マミラリア・アルビコマ	026
Mammillaria albilanata	マミラリア・アルビラナタ	027
Mammillaria apozolensis var. saltensis	マミラリア・アポゾレンシス・サルテンシス	027
Mammillaria bertholdii	マミラリア・ベルソルディ	027
Mammillaria bocasana 'Multilanata'	マミラリア・ボカサナ・ムルチラナタ	027
Mammillaria bombycina	マミラリア・ボンビキナ	028
Mammillaria guelzowiana	マミラリア・ゲルゾイアナ	028
Mammillaria humboldtii	マミラリア・フンボルディ	028
Mammillaria luethyi	マミラリア・ルエッティ	029
Mammillaria melanocentra	マミラリア・メラノケントラ	030
Mammillaria parkinsonii	マミラリア・パーキンソニー	030
Mammillaria perezdelarosae	マミラリア・ペレズデラロサエ	030
Mammillaria plumosa	マミラリア・プルモサ	031
Mammillaria (=Dolichothele) sphaerica	マミラリア・スファエリカ	030
Mammilloidia candida	マミロイデア・カンディダ	031
Matucana oreodoxa ssp. rebutioides (=M. rebutiiflora)	マツカナ・オレオドクサ・レブチオイデス	058
Matucana (=Submatucana) ritteri	マツカナ・リッテリィ	058
Matucana (=Submatucana) intertexta	マツカナ・インターテクスタ	057
Matucana (=Submatucana) madisoniorum	マツカナ・マジソニオルム	057
Matucana hystrix 'Breviflora'	マツカナ・ヒストリックス '' ブレビフロラ'	057
Matucana krahnii f.	マツカナ・クラーニィ	057
Matucana weberbaueri f. flammea	マツカナ・ウェベルバウエリィ・フラメア	058
Melocactus azureus	メロカクタス・アズレウス	074
Melocactus conoideus	メロカクタス・コノイデウス	074
Melocactus macracanthos	メロカクタス・マクラカントス	074
Melocactus matanzanus	メロカクタス・マタンザヌス	075
Melocactus perezassoi	メロカクタス・ペレザッソイ	075
Melocactus salvadorensis	メロカクタス・サルバドレンシス	075
Melocactus sp. (=Melocactus aff. paucispinus)	メロカクタス・パウキスピヌス類似種	073
Micranthocereus flaviflorus ssp. densiflorus	ミクラントケレウス・フラビフロルス・デンシフロルス	080
Neowerdermannia vorwerkii	ネオウェデルマニア・ボウェルキィ	059
Obregonia denegrii	オブレゴニア・デネグリィ	033
Opuntia diplursina	オプンチア・ディプロウシナ	086
Opuntia garapageia	オプンチア・ガラパゲイア	086
Opuntia macrocentra	オプンチア・マクロケントラ	087
Oreocereus celsianus	オレオケレウス・ケルシアヌス	080
Oreocereus doelzianus ssp. sericatus	オレオケレウス・セリカタ	081
Oreocereus trorii	オレオケレウス・トロリィ	081
Oroya borchersii	オロヤ・ボルケレシィ	059
Ortegocactus macdougallii	オルテゴカクタス・マクドガリィ	033
Parodia (=Brasilicactus) graesneri	パロディア・グラッスネリ	061
Parodia (=Brasilicactus) haselbergii	パロディア・ハセルベルギィ	061
Parodia (=Eriocactus) leninghausii	パロディア・レニングハウシィ	062
Parodia (=Eriocactus) magnificus	パロディア・マグニフィクス	062
Parodia (=Notocactus) concinnus ssp. agnetae	パロジア・コンキヌス・アグネタエ	062
Parodia (=Notocactus) orthacantha	パロディア・オルタカンサス	063
Parodia (=Notocactus) ottonis	パロディア・オットニス	063
Parodia (=Notocactus) schlosseri	パロディア・シュロセリィ	063
Parodia (=Notocactus) turecekianus	パロディア・ツレシキアヌス	063
Parodia (=Notocactus) webelmannianus	パロディア・ユーベルマニアヌス	064
Parodia chrysacanthion	パロディア・クリサカンシオン	060
Parodia gibbulosoides	パロディア・ギブロイデス	060
Parodia maxima	パロディア・マキシマ	060
Parodia ritteri 'Rubida'	パロディア・リッテリィ 'ルビダ'	060
Parodia stuemeri f. (=Parodia schuetziana)	パロディア・シュメリ	061
Pelecyphora asselliformis	ペレキフォラ・アセリフォルミス	033
Pelecyphora strobiliformis	ペレキフォラ・ストロビリフォルミス	033
Peniocereus greggii var. transmontanus	ペニオケレウス・グレッギィ・トランスモンタヌス	081
Pereskia aculeata	ペレスキア・アクレアータ	091
Pereskiopsis aquosa	ペレスキオプシス・アクオサ	087
Pilosocereus gounellei	ピロソケレウス・ゴウネリィ	082
Pterocactus tuberosus	プテロカクタス・チュベロサス	087
Puna (=Maihueniopsis) clavarioides	プナ・クラバリオイデス	088
Puna (=Maihueniopsis) subterranae	プナ・サブテラネア	088
Pygmaeocereus akersii	ピグマエオケレウス・アケルシィ	082
Pygmaeocereus bieblii	ピグマエオケレウス・ビェブリィ	082
Rebutia cintia (=Cintia knizei)	レブチア・シンチア	068
Rebutia fiebrigii 'Densiseta'	レブチア・フェブリギィ 'デンシセタ'	069
Rebutia heliosa	レブチア・ヘリオサ	069
Rebutia heliosa ssp. teresae	レブチア・ヘリオーサ・テレサエ	069
Rebutia walteri	レブチア・ウルテリ	069
Stenocactus albatus	ステノカクタス・アルバタス	018
Stenocactus coptonogonus	ステノカクタス・コプトノゴヌス	018
Stenocactus lamellosus	ステノカクタス・ラメロサス	019
Stenocactus phyllacanthus	ステノカクタス・フィラカンツス	019
Stenocereus (=Machaerocereus) eruca	ステノケレウス・エルカ	083
Strombocactus disciformis	ストロンボカクタス・ディスキフォルミス	034
Sulcorebutia mentosa	スルコレブチア・メントーサ	070
Sulcorebutia polymorpha	スルコレブチア・ポリモルファ	070
Sulcorebutia pulchra	スルコレブチア・プルクラ	070
Sulcorebutia rauschii	スルコレブチア・ラウシィ	071
Tephrocactus (=Puna) bonnieae	テロカクタス・ボンニアエ	090
Tephrocactus alexanderi 'Punoides'	テフロカクタス・アレキサンデリ 'プノイデス'	088
Tephrocactus alexanderi 'Subsphaericus'	テフロカクタス・アレキサンデリ 'サブスファエリクス'	089
Tephrocactus alexanderi ssp. armatus	テフロカクタス・アレキサンデリ・アルマタス	088
Tephrocactus aoracanthi f. inermis	テフロカクタス・アオランカンシ・イネルムス	089
Tephrocactus articulatus (T. strobiliformis)	テフロカクタス・アルティカルタス	090
Tephrocactus articulatus var. papyracanthus	テフロカクタス・アルティクラッス・パピラカンサス	090
Tephrocactus molinensis	テフロカクタス・モリネンシス	090
Thelocactus bicolor f. commodus	テロカクタス・ビコロル	020
Thelocactus bicolor ssp. bolaensis	テロカクタス・ビコロル・ボラエンシス	019
Thelocactus bicolor var. pottsii	テロカクタス・ビコロル・ポッツィイ	020
Thelocactus bicolor var. schottii	テロカクタス・ビコロル・スコッティ	020
Thelocactus conothelos	テロカクタス・コノテロス	020
Thelocactus hastifer	テロカクタス・ハスティフェル	021
Thelocactus hexaedrophorus	テロカクタス・ヘキサドロフルス	021
Thelocactus macdowellii	テロカクタス・マクドウェリィ	021
Thelocactus panarottoanus	テロカクタス・パナロットアヌス	021
Thelocactus rinconensis ssp. freudenbergeri	テロカクタス・リンコネンシス・フレウデンベルゲリ	022
Thelocactus rinconensis ssp. multicephalus	テロカクタス・リンコネンシス・ムルチケファルス	022
Thelocactus rinconensis ssp. nidulans	テロカクタス・リンコネンシス・ニデュランス	022
Thelocactus rinconensis ssp. phymatothelos	テロカクタス・リンコネンシス・フィマトテロス	022
Trichocereus chilensis 'Zizikanus'	トリコケレウス・チロエンシス 'ジッキアヌス'	083
Trichocereus coquimbana	トリコケレウス・スキンパナ	083
Trichocereus fulvilanus	トリコケレウス・フルビラヌス	084
Turbinicarpus dickisoniae	ツルビニカルプス・ディキソニアエ	034
Turbinicarpus graminispinus	ツルビニカルプス・グラミニスピヌス	034
Turbinicarpus hoferi	ツルビニカルプス・ホフェリィ	035
Turbinicarpus jauernigii	ツルビニカルプス・ハウエルニギィ	035
Turbinicarpus lophophoroides	ツルビニカルプス・ロファフロイデス	035
Turbinicarpus polaskii	ツルビニカルプス・ポラスキィ	036
Turbinicarpus pseudopectinatus f. rubriflorus	ツルビニカルプス・プセウドペクチナツス	035
Uebelmannia meninensis	ユーベルマニア・メネンシス	064
Uebelmannia pectinifera	ユーベルマニア・ペクチニフェラ	064
Uebelmannia pectinifera 'Variegata'	ユーベルマニア・ペクチニフェラ '斑入り'	106
Uebelmannia pectinifera ssp. flavispina	ユーベルマニア・フラビスピナ	065
Weingartia lanata	ワインガルチア・ラナータ	071
Weingartia westii	ワインガルチア・ウェスティィ	071
Wigginsia calvescens	ウイギンシア・カルベスケンス	065
Wigginsia erinacea	ウイギンシア・エリナケア	065
Wilcoxia (=Echinocereus) poselgeri	ウィルコクシア・ポセルゲリ	084

著者 **山本規詔**（やまもと のりあき）

1958年愛知県生まれ。小学生時代に手にしたサボテンがきっかけで植物栽培に目覚める。名古屋市東山植物園、ユニトピアささやま花の植物館などに勤務したのち、安城市のデンパークに移籍。植物の導入育成から植栽ディスプレイにいたるまで、総合的な装飾園芸のエキスパートとしての腕を振るう。これまで栽培した植物は数万種を超え、フリーとなった今でも毎年100種類以上の種子をまき続ける生粋の園芸マニア。著書に『カラーリーフ図鑑 明度と高さの組み合わせで庭をグレードアップする』『宿根草図鑑 Perennials』（ともに講談社）、『庭をきれいに見せる 宿根草の選び方・使い方』（家の光協会）がある。

企画・編集
川端正吾（STRAIGHT）

編集
谷水輝久（双葉社）

アートディレクション・デザイン
小宮山秀明（STRAIGHT）

図鑑写真
羽田貴之

イラスト
檜室智哉

Special Thanks（順不同・敬称略）

清水 秀男（熱川バナナワニ園）
岩田 馨（京都シャボテンクラブ）
倉知 重信（西三河カクタスクラブ）
土井 政明（三河サボテン園）
照井 淳治（豊橋カクタスクラブ）
矢端 亀久男（群馬カクタスクラブ）
倉林 輝生（群馬カクタスクラブ）
Shabomaniac!
Mats Winberg (SuccSeeed)
Volker Schädlich (The genus Gymnocalycium)

この本を執筆するにあたり、他にも多くの方々にご協力をいただきました。感謝の気持ちを表します。

**カクタスハンドブック
原種サボテンを楽しむ**

2019年4月7日　第1刷発行

著　者　山本規詔（やまもとのりあき）
発行者　島野浩二
発行所　株式会社双葉社
　　　　〒162-8540　東京都新宿区東五軒町3番28号
　　　　電話　(03)5261-4818（営業）　(03)5261-4869（編集）
　　　　http://www.futabasha.co.jp
　　　　（双葉社の書籍・コミック・ムックが買えます）
印刷所・製本所　大日本印刷株式会社

落丁、乱丁の場合は送料双葉社負担でお取り替えいたします。
「製作部」宛にお送りください。
ただし、古書店で購入したものについてはお取り替えできません。
電話(03)5261-4822（製作部）

定価はカバーに表示してあります。本書のコピー、スキャン、デジタル化等の無断複製・転載は著作権法上の例外を除き禁じられています。本書を代行業者等の第三者に依頼してスキャンやデジタル化することは、たとえ個人や家庭内での利用でも著作権法違反です。

©Noriaki Yamamoto 2019
Printed in Japan　ISBN 978-4-575-31445-8 C0076

参考資料　ブックガイドで紹介した以外のもの

大阪エキゾチック植物研究会会報 / 大阪エキゾチック植物研究会
カクタス東京第500号記念誌 / 東京カクタスクラブ：東京カクタスクラブ
サボテン今昔 / 平尾 博：私家版
サボテンと多肉植物 / 松居読次：文研出版
サボテン原名・和名総覧 / 石川太郎：私家版
サボテン日本 / 奥一、奥烈 編：国際多肉植物連合日本本部会
シャボテン / 平尾博 編：シャボテン社
シャボテンの研究 / 光兆園 編：光兆園
植物学者松田英二博士の業績とその経歴 / 内田重雄：熱帯農業
日本サボテン史 / 日本カクタス専門家連盟 編：日本カクタス専門家連盟
有星類ハンドブック / 佐藤勉：日本カクタス企画出版社

Ariocarpus et cetra / J. Pilbeam & B.Weightman
Cipiapoa , Copiapoa 2006 : Rudolf Shults
Discocactus / A.F.H. Buining
Eriosyce The genus revised and amplified / Fred Kattermann
Ferocactus / J. Pilbeam & D. Bowdery
Mapping the Cacti of Mexico / H.M. Hernandez & C. Gomez-Hinostrosa
Thelocactus, Cuctus File Handbook / J. Pilbeam
The Cactaceae / N.L.Britton &J.N.Rose
The Cactus Family / Edward F. Anderson

Cactus and Succulent Field Number Query / http://www.cl-cactus.com/
Ralph Martin's Field Number Database / http://www.fieldnos.bcss.org.uk/
The Plant List / http://www.theplantlist.org/